陕西省教育厅专项科研计划项目（20JK0316）
陕西高校辅导员研究课题（2024XKT096）

知行合一：
高校辅导员的工作探索与实践

高 洁 著

西安交通大学出版社
XI'AN JIAOTONG UNIVERSITY PRESS

图书在版编目(CIP)数据

知行合一:高校辅导员的工作探索与实践 / 高洁著.
西安:西安交通大学出版社,2024.6. -- ISBN
978-7-5693-3839-3

Ⅰ. G645.1
中国国家版本馆 CIP 数据核字 20245QL028 号

书　　名　知行合一:高校辅导员的工作探索与实践
ZHIXING HEYI:GAOXIAO FUDAOYUAN DE GONGZUO TANSUO YU SHIJIAN
著　　者　高　洁
责任编辑　侯君英
责任校对　张静静
装帧设计　伍　胜

出版发行　西安交通大学出版社
(西安市兴庆南路1号　邮政编码 710048)
网　　址　http://www.xjtupress.com
电　　话　(029)82668357　82667874(市场营销中心)
(029)82668315(总编办)
传　　真　(029)82668280
印　　刷　西安五星印刷有限公司

开　　本　720 mm×1000 mm　1/16　**印张** 13.25　**字数** 266 千字
版次印次　2024 年 6 月第 1 版　2024 年 6 月第 1 次印刷
书　　号　ISBN 978-7-5693-3839-3
定　　价　69.00 元

如发现印装质量问题,请与本社市场营销中心联系。
订购热线:(029)82665248　82667874
投稿热线:(029)82668525

前言

《普通高等学校辅导员队伍建设规定》第二条规定："辅导员是开展大学生思想政治教育的骨干力量，是高等学校学生日常思想政治教育和管理工作的组织者、实施者、指导者。辅导员应当努力成为学生成长成才的人生导师和健康生活的知心朋友。"第五条规定了辅导员的9项主要工作职责：思想理论教育和价值引领、党团和班级建设、学风建设、学生日常事务管理、心理健康教育与咨询工作、网络思想政治教育、校园危机事件应对、职业规划与就业创业指导、理论和实践研究。

党和国家把高校思想政治工作放在战略位置加以重视，辅导员在高校思想政治工作领域和学生的健康成长中肩负着神圣使命。思想政治工作从根本上说是做人的工作，必须围绕学生、关照学生、服务学生，不断提高学生思想水平、政治觉悟、道德品质、文化素养，让学生成为德才兼备、全面发展的人才。做好高校思想政治工作，要因事而化、因时而进、因势而新。要遵循思想政治工作规律，遵循教书育人规律，遵循学生成长规律，不断提高工作能力和水平。

辅导员是长期战斗在学生工作第一线的主力军，掌握着大学生思想政治教育工作的丰富的第一手资料，如何将这些资料转化为科学的教育理论，是笔者一直努力的方向。本书梳理了学生工作的一线经验，对其进行深刻的学术思考和理论研究，主要从思想理论教育和价值引导、心理健康教育与咨询工作、职业规划与就业创业指导、辅导员自我提升等与大学生成长成才息息相关的角度，全面探索大学生思想政治教育与高校学生事务管理经验，系统回答"培养什么人，如何培养人，为谁培养人"这个根本问题。同时，也期待能和广大同行共同探讨新时代如何做好学生工作，使辅导员工作有理论可以支撑、有框架和工作步骤可以遵循、有具体的工作方法和技术可以利用，从而不断推动辅导员工作的专业化和科学化建设。

本书共分为上下两篇，上篇是对高校辅导员工作方法进行研究，在查阅文献资料、调研访谈的基础上，笔者对处理过的学生工作案例进行思考和解析，提出辅导员工作方法优化与创新举措，对于提升实际工作能力，解决日常思想政治教育工作的难点问题有一定借鉴和参照意义。下篇主要是将笔者个人平时工作中积累的文章和想法进行了整理，对辅导员日常工作也有一定的借鉴意义。

本书在撰写过程中参考和借鉴了一些文献、教材和文件资料，从中获益匪浅，在此一并向著作者们表示衷心感谢。由于作者水平有限，书中难免有不妥之处，恳请广大读者批评指正。

高　洁

2024 年 1 月

目录

上篇　新时代背景下高校辅导员工作的理论指导

下篇　高校辅导员实践工作中的思考与探讨

上篇

新时代背景下高校辅导员工作的理论指导

第一章
高校辅导员制度的内涵及作用

1.1　高校辅导员制度的内涵

高校辅导员制度在高校思想政治工作教育制度中扮演着重要的角色。它是新中国在高校教育制度史上的一项重要实践创新，是为了确保高校思想政治教育的有效性和高校的安全稳定，实现高校辅导员队伍建设的职业化、专业化、专家化建设目标，以《高等教育法》和相关法律法规作为依据，制定实施的一系列规范性文件的总和。

1.2　高校辅导员制度的作用

第一，高校辅导员制度有助于推动社会主义大学人才培养目标的达成。实现大学生的全面发展目标，是高校培养大学生始终一以贯之的重要原则。辅导员制度的出发点和落脚点始终是促进大学生的全面发展。思想政治教育工作的展开和任务的落实，除了课堂理论教育之外，在辅导员工作中始终要坚持以学生为本，以促进大学生的成长成才为己任，鼓励和引导大学生树立社会主义核心价值观，对于大学生积极向上的行为予以鼓励，并及时发现在大学生中存在的问题并予以正确引导。《普通高等学校辅导员队伍建设规定》中明确指出辅导员是开展大学生思想政治教育的骨干力量，是高等学校学生日常思想政治教育和管理工作的组织者、实施者、指导者。辅导员应当努力成为大学生成长成才的人生导师和健康生活的知心朋友。辅导员工作的要求是：恪守爱国守法、敬业爱生、育人为本、终身学习、为人师表的职业守则；围绕学生、关照学生、服务学生，把握学生成长规律，不断提高学生思想水平、政治觉悟、道德品质、文化素养；引导学生正确认识世界和中国发展大势、正确认识中国特色和国际比较、正确认识时代责任和历史使命、正确认识远大抱负和脚踏实地，成为又红又专、德才兼备、全面发展的中国特色社会主义合格建设者和可靠接班人。

第二，高校辅导员制度有助于维护高校的安全稳定。高校是各种社会思潮的集散地，高校稳定与否直接影响到社会的稳定。在各种文化相互碰撞的过程中，拜金主义、享乐主义、个人利己主义等不良思潮会影响学生的价值取向。尤其当学生面临就业问题、贫富差距问题等许多社会现实问题时，会产生负面消极的情绪和不良的思想认知。为加强大学生思想政治教育，高校辅导员在党委的统一领导下，通过座谈会、谈心谈话、走访宿舍、主题班会等形式，围绕形势与政策教育、思想引导、心理辅导与就业指导等内容，主动了解学生思想动态，及时帮助学生解决学习和生活中遇到的问题。通过党员专题培训、青年大学习等，不断强化学生思想理论武装。依托主题党团日、新生教育、社会实践、志愿服务等，开展多形式、分层次、全覆盖的爱国主义教育、党史党情教育等，进一步拓宽思政育人载体，引导学生厚植爱党爱国爱社会主义情怀。全面摸排需要重点关注的学生，包括校外住宿、心理问题（特别是正在服用精神类药物的学生）、学业困难、就业困难、家庭经济困难、少数民族学生、遭遇突发事件（如家庭突发变故）、人际关系失调、性格孤僻等，定期与学生本人谈心谈话，定期与学生家长取得联系，必要时进行家访。针对重点关注学生，建立“一人一档”台账，具体内容应包含：学生基本信息、基本情况、关注类别、最新状态、紧急联系人、安全员（信息员）、辅导员与学生（家长）的谈心谈话实录、干预措施和应急预案等。发挥好党员干部、学生干部作用，进一步完善“学院—班级—宿舍”三级心理危机预警干预体系，发挥宿舍信息员、班级心理委员朋辈帮扶作用，细化专班管理。做到学生心理危机早发现、早预防、早干预，严防学生因心理问题引发的危机事件。通过以上多种措施维护学校安全稳定。

第三，高校辅导员制度有助于提升大学生思想政治教育的实效性。大学生思想政治教育内容不断丰富和拓展，涵盖学生思想、学习、心理、个人发展等各个方面。辅导员对学生进行以习近平总书记系列重要讲话精神和治国理政新理念新思想新战略，中国特色社会主义、中国梦和社会主义核心价值观，坚定中国特色社会主义道路自信、理论自信、制度自信、文化自信，牢固树立正确的世界观、人生观、价值观等为主要内容的思想理论教育。心理健康问题已经成为高校越来越关注的重点问题，辅导员工作的重点也开始转向关注学生的情感、人际交往、成长等方面。高校设立有心理健康教育与咨询中心等机构，配备有专兼职心理教师，鼓励辅导员考取有关心理健康教育方面的资格证书，开展心理健康教育相关专题培训，要求辅导员对学生心理问题进行初步排查和疏导，组织开展心理健康知识普及宣传活动，培育学生理性平和、乐观向上的健康心态。就业形势日益严峻，职业规划与就业创业指导教育成为辅导员工作新的关注点，辅导员从学生入学开始通过专题讲座、主题班会、朋辈交流、课程讲授等方式教育引导学生树立规划意识，树立正确的就业观念，尽早确立职业目标。与此同时，强化价值引领教育，引导学生将自己的人生价值和个人梦想融入国家和民族事业发展中，做有志向、有担当的青年人。以竞赛活动、课程培训为支撑，以不断提高学生就业能力为主线，通过简历制作、结构化面试、非结构化面试等课程的讲授和模拟面试的演练，提高学生求职技能与技巧，增强学生心理素质与抗压能力。依托大学生创新创业训练项目，给学生讲授创新创业相关知识，开展创新创业培训和讲座活动，帮助学生孵化创业项目。

第四，高校辅导员制度有助于保证辅导员队伍健康持续发展。制度建设是加强和改进新时期高校辅导员队伍建设的核心。制度建设涉及辅导员队伍培养、选拔、考核、培训、激励和管理等方面的问题，通过健全和完善各项制度，可以为高校辅导员队伍的发展提供有力的支持。我国目前的高校辅导员制度对辅导员的角色定位、要求与职责、配备与选聘、培训与发展、管理与考核等内容进行了全方位规定与说明。经常性系统的培训学习，使辅导员能够系统地掌握马克思主义理论知识，了解有关社会学、教育学、管理学等方面的社会科学知识。在长期一线实践工作中，辅导员不但提升了语言表达能力、人际交往能力、心理包容能力、组织管理能力、判断观察能力和处理突发事件的能力，而且也锻炼和提高了创造性思维能力、道德自律能力和调查研究能力。这些知识和能力为辅导员日后的职业化、专业化、专家化发展奠定了坚实的基础。

第二章

高校辅导员制度的历史沿革

2.1 高校辅导员制度的起源

我国高校辅导员制度的正式确立是在新中国成立初期。早在新民主主义革命时期,中国共产党就已经在军队中开始了“政治指导员”制度的尝试,从黄埔军校的政治指导员的建立,到南昌起义的政治指导员制度,再到秋收起义中的“党代表”制度,政治指导员制度首先在军队中经历了建立、发展的过程。这一制度对提高人民军队的战斗力发挥了重要作用,同时也为新中国成立以后我国高校辅导员制度的发展提供了借鉴。

2.2 高校辅导员制度初步建立与曲折发展阶段(1951—1977)

新中国成立后,中国共产党将工作重心转向经济建设,国民经济很快得到恢复。与此同时,我国高等教育迎来了历史性转变,高校思想政治工作备受关注。在国内局势刚刚稳定下来的情况下,国家需要又红又专的高素质人才,所以在继承我军政治指导员制度的基础上,我国开始在高等学校探索并实行这一制度。

1951 年 11 月 30 日,政务院批准《关于全国工学院调整方案的报告》,文件明确指出:“为了加强全国工学院的政治思想教育的领导,各工学院有准备地试行政治辅导员制度,设立专人担任各级政治辅导员,主持政治学习思想改造工作。”这是首次提出进行政治辅导员制度建设。

1952 年 10 月 28 日，教育部发布《关于在高等学校有重点的试行政治工作制度的指示》，文件中提出："在高等学校中建立政治工作制度，以加强政治领导，改进政治思想教育，开展马克思主义、列宁主义的思想建设工作，为全国高等学校教育事业打下坚实的政治基础。"文件明确提出了建立政治辅导处。政治辅导处就是高校中的政治工作机构，负责全校的思想政治工作，辅导处设若干辅导员。政治辅导处相继在全国高校设置，于是在高校中出现了一支专门从事师生思想政治工作的政治辅导员队伍，这就是我国政治辅导员制度正式确立的标志。这是一个在各高校相继建设的过程，政治辅导员制度开始在高校政治工作中发挥着重要的作用。

1953 年，清华大学校长蒋南翔提出了一种新的政治辅导员制度模式，即让学生参与到辅导员队伍的行列。具体做法是选拔高年级学生，这些学生不但要思想觉悟高，而且业务素质还要过硬。由于这些学生一边学习一边工作，所以命名为"双肩挑"，这种辅导员制度是清华大学的一项重要创新，不仅推动了高校辅导员制度的发展，而且为兼职辅导员的设立与发展提供了新的平台。1953 年 4 月 3 日，清华大学在向中央高等教育部、中央人事部请示设立学生政治辅导员的报告中提出，拟设立政治辅导员制度。

1961 年 9 月 15 日，中共中央批准试行《中华人民共和国教育部直属高等学校暂行工作条例(草案)》，又称为"高教六十条"。这个条例规定了高校思想政治工作的任务，明确指出："为了加强思想政治工作，在一、二年级设政治辅导员或者班主任，从专职的党政干部、政治理论课教师和其他青年教师中挑选有一定政治工作经验的人担任。同时，要逐步培养和配备一批专职的政治辅导员。"这个条例是在中国共产党非常重视高校思想政治工作的背景下颁布的，这也是第一次在中央文件中提出要在高校设置专职政治辅导员。随后，教育部直属高校以及其他部委和地方高校相继设立了专职政治辅导员，进一步加强了高校学生思想政治教育队伍建设。

1964 年 6 月，中共中央批准了高等教育部党组提出的《关于加强高等学校政治工作和建设政治工作机构试点问题的报告》。该报告指出，高等教育部建立高等教育部党委，在教育部直属高校中设立专门的校党委工作机构——政治部，其主要任务是："在高等教育部党委的领导下，会同地方党委和中央有关业务部门，领导高等学校的思想政治工作，更有力地保证党的各项方针政策的贯彻执行，统一工作部署，拟定政治工作的重大规章制度，加强干部管理，调动全体师生员工的积极性，全面提高教育质量。”拟定北京大学、清华大学为建立政治部的高等学校，要求各试点高等学校从上到下建立政治工作机构。学校设政治部，政治部也是领导全校政治工作的行政机构。班级配备政治辅导员或班主任，教研室和其他基层单位根据需要配备专职的或者是兼职的政治工作干部。同时报告还对专职政治工作干部的来源、编制作了具体规定，生师比为100∶1，政治辅导员从历届高校优秀毕业生中选留。随后教育部为扩大政治工作队伍，按照规定开始逐渐在直属院校中设立政治部。

1965年，教育部颁布了《高等学校学生班级政治辅导员工作条例》。该条例以法规的形式对高校政治辅导员地位、作用、工作性质、任务、待遇等进行了明确界定。该条例的颁布实施，标志着高校政治辅导员制度在经历了多年的实践、探索与建设后已基本上获得了成功。

2.3 高校辅导员制度恢复建设与稳定发展阶段(1978—2003)

1978年4月，教育部起草修订了《全国普通高等学校暂行工作条例》，该条例明确规定："为了加强思想政治工作，在一、二年级设政治辅导员或者班主任，从专职的党政干部、政治理论课教师和其他青年教师中挑选有一定政治工作经验的担任。政治辅导员既要做学生思想政治工作，又要坚持业务学习，有条件的要坚持半脱产，担任一部分教学任务。政治辅导员可以适当轮换。”该条例的规定是对清华大学“双肩挑”政治辅导员制度模式的再度肯定，旨在推动其全面复苏和进一步的发展。此后这一模式开始在全国就行普遍实施。这个条例的颁布开启了对高校辅导员制度恢复的步伐。

1980年4月29日，教育部和团中央共同颁布《关于加强高等学校学生思想政治工作的意见》，要求各校设立辅导员制度，并规定辅导员要在优秀教师或毕业生中选留，而且要求选留人员业务素质要高，还要担任一部分教学任务，并指出："各校可根据情况，建立一支相对稳定的政工干部队伍，以利积累经验，改进工作”。同时，兼职辅导员也可以在工作几年后进行脱产学习，提高自身素质，并且学校也会在具体工作中给予兼职辅导员政策倾斜。

1981年7月，教育部颁布了《高等学校学生思想政治工作暂行规定》，其中明确要求加强班主任和兼职辅导员工作，将思想政治工作列入教师考核的标准之一，并规定每120名学生配备一名政治辅导员。兼职辅导员要求在任职期间要有一半的时间用于工作，兼职期间给予一定的物质补贴，期满后还要脱产进修一年。对于兼职的学生，学习期可以适当延长，允许其边学习边工作，工作期间要有生活补贴，提高其工作积极性。

1984年11月13日，中央宣传部、教育部颁布了《关于加强高等学校思想工作队伍建设的意见》，进一步针对高校思想政治工作问题及高校政工干部普遍存在骨干老化、后继乏人的情况，明确了高校专职思想政治工作人员的政治素质和知识水平的基本要求，并就专职思想政治工作人员的来源、发展方向、专业培训和待遇等问题作出了明确规定。文件还规定要大力表彰优秀的高校思想政治工作人员，增强他们从事思想政治工作的责任感和荣誉感。此外，鼓励研究生、高年级大学生担任半学习半工作的兼职政治辅导员，任期一般为两年，在校学习时间可以延长一年。

1986年5月，中共中央、国务院批转了《国家教委关于加强高等学校思想政治工作的决定》的通知。该文件结合当时社会环境的变化，总结出了教育对象的新特点，指出学生中出现的一些问题，并提出要改革高等学校的思想政治教育的内容与方法，文件指出："从高等学校长期建设出发，要培养和造就一批思想政治教育专家、教授和理论家。除了提高现有工作人员的思想水平外，要抓紧选拔培养新的人才，今后选拔专职思想政治工作人员，应当选拔那些政治品质好，有较高的马克思主义理论和政策水平、较广博的科学文化水平、较强的组织活动能力的人。"要求各高等学校尽快配齐班级的政治辅导员或班主任，这类人员原则上是兼职的，并且定期轮换，这样也有利于密切联系群众，使思想政治工作与业务工作可以有机结合。这一规定对高校辅导员制度的发展有长远的意义。

中共中央在1987年颁布的《关于改进和加强高等学校思想政治工作的决定》中指出："思想政治教育是一门以马克思主义理论为基础、综合性和实践性都比较强的科学，必须有专职人员作为骨干，并且要培养和造就一批思想政治教育的专家、教授和理论家。因此，一定要将一些品学兼优的教师和毕业生选拔到思想政治工作队伍中来。"并且规定把思想政治教育专职人员列入教师编制，实行教师职务聘任制，文件要求高等学校的每个班级均应配备兼职辅导员。

1993年8月，中共中央组织部、中共中央宣传部、国家教育委员会联合印发了《关于新形势下加强和改进高等学校党的建设和思想政治工作的若干意见》

的通知，提出在社会主义市场经济条件下，加强和改进高等学校党的建设和思想政治工作要进行重新部署与安排，以便进一步加强政工干部队伍的建设。对人员的来源、工作内容及今后的发展作出了进一步的规定。其后，国家还对高校辅导员在德育方面的重要作用答出了相关规定。

2000 年 7 月 3 日，中共教育部党组颁发了《关于进一步加强高等学校学生思想政治工作队伍建设的若干意见》，指出高等学校选拔辅导员要坚持德才兼备、专兼结合的原则。专职辅导员的任期一般为 4 到 5 年；兼职学生工作人员主要从教师和优秀党员学生中挑选，其任期一般是 2 到 4 年。要求高等学校加强对学生辅导员的培养和教育，原则上按照 1∶120 到 1∶150 的比例进行配置。有条件的高等学校可以根据工作需要和选留人员的条件，在本校推荐免试研究生的计划中划出一定的名额，用于选留作学生政治辅导员的人员，这些人员取得攻读硕士学位研究生资格后，工作 2 年再读研究生。

2.4 高校辅导员制度逐步成熟与系统发展阶段（2004—2011）

2004 年 10 月 14 日，中共中央、国务院颁布了《关于进一步加强和改进大学生思想政治教育的意见》，这个纲领性文件具有重要的指导性意义。文件提出了加强和改进大学生思想政治教育的指导思想、基本原则和主要任务。强调了高校辅导员队伍建设对学校管理的重要意义，在选拔机制、人才培养等方面也均作了相应要求。在聘任机制上给予辅导员职位的明确定位，有明确的上升渠道，建立相关培训基地，关心职业发展问题，解除其后顾之忧，使其安心工作。在这部文件中已经正式提到了关于思想政治教育工作者的职业化问题。

2005 年 1 月 13 日，教育部印发了《关于加强高等学校辅导员班主任队伍建设的意见》，文件中明确了加强辅导员队伍建设的重要性，强调了辅导员选聘、培训和职业发展工作的必要性。特别指出："要统筹规划专职辅导员的发展，鼓励和支持一批骨干攻读相关学位和业务进修，长期从事辅导员工作，向职业化、专家化方向发展。"这是第一次正式提出高校辅导员队伍建设的职业化发展，为辅导员的职业化发展提供了政策性支持。这份文件表明我国辅导员队伍建设迈上了科学化和规范化的道路，是我国高校辅导员制度建设的又一次创新。

2006 年 7 月 23 日教育部颁布了《普通高等学校辅导员队伍建设规定》，这是进入新世纪以来我国加强和改进高校辅导员队伍建设的一个法规性文件。文件指出："辅导员是开展大学生思想政治教育的骨干力量，是高校学生日常思想政治教育和管理工作的组织者、实施者和指导者。辅导员应当成为学生的人生导师和健康成长的知心朋友。"这里充分肯定了辅导员在高校大学生思想政治教育中的地位和作用，对辅导员的发展做了必要的要求和规定，为高校辅导员职业化发展奠定了组织、制度、政策的基础和保证，也使我国高校辅导员制度发展得到丰富与提升。

2006年7月30日，教育部办公厅出台了《2006—2010年普通高等学校辅导员培训计划》，计划5年内分批选拔5000名优秀辅导员攻读思想政治教育专业硕士学位，分批选拔500名优秀辅导员定向攻读思想政治教育专业博士学位；鼓励和支持一批骨干辅导员攻读相关学位和业务进修，长期从事辅导员工作，向专业化、职业化方向发展。并且规定，到2010年，完成辅导员的轮训工作，培养和造就1000名在思想政治教育方面有一定国内影响的专家。这份文件对建立和完善辅导员培训体系，加大辅导员培训力度做了详细规划，为提升辅导员综合素质能力奠定了基础，为实现辅导员专业化发展方向提供了保障。

2.5　高校辅导员制度内涵式发展阶段（2012年至今）

党的十八大以来，党和国家始终重视大学生思想政治工作，始终关注如何加强完善高校辅导员制度。

2013年5月3日，中共教育部党组印发了《普通高等学校辅导员培训规划（2013—2017年）》，培训内容涵盖了思想政治理论教育、专业素养提升、职业能力培养等，旨在适应高等教育发展需要，符合辅导员成长成才规律，建立规范科学的培训机制，构建内容完善、形式多样、科学合理的培训体系。同时，增加了辅导员岗位培训证书制度，进一步提高辅导员培训的规范化水平，使辅导员培养更加专业化。

2014年3月27日，教育部发布了《高等学校辅导员职业能力标准（暂行）》，对高校辅导员的职业概况、职业知识和初级、中级、高级辅导员职业能力标准等作了规定，使高校辅导员制度内容进一步完善，推动了高校辅导员专业化职业化建设。

2017年2月27日，中共中央、国务院印发了《关于加强和改进新形势下高校思想政治工作的意见》，从重要意义和总体要求、强化思想理论教育和价值引领、发挥哲学社会科学育人功能、加强对课堂教学和各类思想文化阵地的建设管理、加强教师队伍和专门力量建设、推进高校思想政治工作改革创新、加强和改善党对高校的领导等7个方面阐释了加强和改进高校思想政治工作的制度和评价体系。

2017年8月31日，《普通高等学校辅导员队伍建设规定》经教育部2017年第32次部长办公会议修订通过。2017年9月21日公布了修订后的《普通高等学校辅导员队伍建设规定》(43号令)，对辅导员工作的要求与职责、配备与选聘、发展与培训、管理与考核等方面内容做了详细说明，进一步明确了辅导员的职业能力标准与职业化发展方向。

2017年12月4日，中共教育部党组印发了《高校思想政治工作质量提升工程实施纲要》，强调充分发挥课程、科研、实践、文化、网络、心理、管理、服务、资助、组织等方面工作的育人功能，挖掘育人要素，完善育人机制，优化评价激励，强化实施保障，切实构建“十大”育人体系。

2019年8月14日，中共中央办公厅、国务院办公厅印发实施《关于深化新时代学校思想政治理论课改革创新的若干意见》，首次提出要将高校辅导员纳入思想政治理论课教师队伍，为高校辅导员参与思政课教学提供根本遵循。2020年1月16日，教育部发布了《新时代高等学校思想政治理论课教师队伍建设规定》，对高校辅导员参与思政课教学作出制度安排，为辅导员专业化、专家化发展提供了平台。

2020年4月22日，教育部等八部门联合发布了《关于加快构建高校思想政治工作体系的意见》，从构建理论武装体系、学科教学体系、日常教育体系、管理服务体系、安全稳定体系、队伍建设体系、评估督导体系等方面对构建高校思想政治工作体系进行了说明，要求建立完善高校专职辅导员管理岗位(职员等级)晋升制度，完善兼职辅导员和校外辅导员培训、管理、考核制度。

2022年7月25日，教育部等部门印发了《全面推进“大思政课”建设的工作方案》，指出将辅导员指导学生开展实践活动、指导学生理论社团等纳入教学工作量，各地各校严格按照要求配备建强高校辅导员队伍、建设辅导员工作室、资助开展课题研究、推广优秀工作案例等内容，进一步完善了辅导员的工作内容，为辅导员干事创业提供了平台。

2023年4月20日，教育部等部门印发了《全面加强和改进新时代学生心理健康工作专项行动计划（2023—2025年）》，指出支持高校辅导员攻读心理学、社会工作等相关学科专业硕士学位，适当增加高校思想政治工作骨干在职攻读博士学位专项计划心理学相关专业名额，为高校辅导员开展个体心理发展、健康教育基本知识和技能全覆盖培训，这为辅导员专业化发展提供了指导。

第三章
新时代背景下高校辅导员面临的机遇与挑战

3.1 高校辅导员工作背景的改变

新时代背景下高等教育的环境及形势因经济全球化不断推进、社会转型不断深化、互联网高速发展等影响发生了广泛而深刻的改变，辅导员作为高校思想政治教育的骨干力量，其工作内容和形式也相应发生了改变。

3.1.1 经济全球化不断推进

经济全球化是指经济活动跨越国界和区域、世界各国经济相互依赖程度不断加深的过程。它来自生产力发展的要求，来自实现人类对更加美好生活的向往和人类社会进步的要求，是人类社会发展的基本规律和世界发展的历史大势。中国是推进经济全球化的坚定力量，推动着经济全球化朝着更加开放、包容、普惠、平衡、共赢的方向发展，为世界各地提供了推动经济全球化的中国智慧和中国方案。随着全球经济一体化的不断推进，国际的人员流动和经济交流日益频繁。大学生面临的问题已经不再局限于学习方面，更多地涉及生活、情感、职业规划和社会适应等方面。

在经济全球化背景下，大学生思想观念、对待学习和人生的态度发生了深刻改变，他们的思维方式不再局限于传统的线性思维，而更加多向化、开放化和多元化。辅导员需要适应这种新的思维方式，引导学生用更加多元化的视角看待问题，培养学生跨学科、跨文化的宽广视野。与此同时，辅导员需要培养具备国际化视野、创新性思维和较强实践能力的学生，帮助他们适应和融入全球竞争的环境，以适应经济全球化带来的新挑战。

总之，辅导员需要了解和掌握经济全球化背景下的学生特点，以更好地指导学生应对全球化带来的问题和挑战，为学生的发展提供更加全面和有针对性的指导和帮助。

3.1.2　社会转型不断深化

社会转型已成为当前社会科学研究中普遍使用的一个热门学术用语。在中国社会学学者的论述中有这样一种理解："社会转型的主体是社会结构，它是指一种整体的和全面的结构状态过渡，而不仅仅是某些单项发展指标的实现。社会转型的具体内容是结构转换、机制转轨、利益调整和观念转变。在社会转型时期，人们的行为方式、生活方式、价值体系都会发生明显的变化。"中国社会的转型是社会主义制度的自我完善，是一个复杂又长期的过程。在中国式现代化进程中，社会结构的调整与转型不断深化，这给辅导员的工作带来了新的挑战与机遇，辅导员面临的工作形势与以往相比有了明显不同。就业压力不断增大，大学生的职业选择和发展面临着更加激烈的竞争；传统价值观动摇，大学生的思想观念更加多元化和个性化；社会关系更加复杂，大学生的人际交往能力和社会适应能力亟须提升，等等。与此同时，辅导员的角色定位和工作职责相应发生了变化。辅导员需要成为大学生日常思想政治教育和管理工作的组织者、实施者和指导者，根据时代背景和学生需求，制定并实施有针对性的思想教育活动，引导学生树立正确的价值观念。辅导员承担着大学生人生导师的角色，面对社会转型的不确定性和挑战，要为学生提供指导和帮助，促进他们健康成长，找到适合自己的职业发展道路。辅导员还承担着大学生健康成长中知心朋友的角色，关心和照顾学生的身心健康，为其提供心理支持和情感陪伴。

面对这些变化，辅导员需要不断调整角色定位、充实工作内容，积极构建适应新时代要求的工作方法体系，推动辅导员工作的创新与发展。

3.1.3　互联网高速发展

随着科技的不断进步和社会的快速发展，互联网将继续保持高速发展，人工智能的广泛应用、大数据的普及和数字经济的崛起将是主要的发展趋势。辅导员需要积极应对互联网高速发展带来的挑战，也要充分运用互联网高速发展带来的机遇。

首先，互联网的高速发展为辅导员的思想政治教育工作提供了更丰富的信息资源和交流平台。辅导员可以通过网络邮件、社交媒体等多种手段与学生进行沟通交流，使思想政治教育工作变得更加高效。其次，互联网的高速发展改变了学生的学习方式和学习需求。新时代大学生对信息获取和知识传播有着更高的要求和期望，他们更加依赖互联网进行学习和交流。辅导员需要根据学生的需求和特点来调整思想政治教育的方式方法，充分利用互联网资源来满足学生的各方面需求，提高育人成效。再次，互联网的高速发展催生了新的教育模式和工作平台，辅导员可以通过网络开展在线教育和远程工作，这进一步优化了思政教育手段。最后，互联网的高速发展对辅导员的专业素养提出了更高的要求。辅导员需要具备较强的网络信息素养和信息化教育能力，能够熟练运用互联网技术进行教育和管理工作，为学生的健康成长和素质能力提升提供更好的支持和帮助。同时，辅导员还需要关注互联网对学生个人发展和思想观念的影响，引导学生正确使用互联网，培养学生的文明上网意识和信息安全意识。

3.2 大学生思想观念的新特点

3.2.1 思维方式多向性

新时代背景下，大学生的思维方式呈现出多向性的特点，主要表现为思维模式多样化、思维内容多样化及思维的开放性和包容性。

首先，大学生思维方式多向性表现在思维模式多样化。在传统教育中，大学生的思维方式往往是单一的、固定的，主要以传统的逻辑思维为主导。然而，新时代大学生的思维方式呈现出多元化的趋势，不再局限于传统的思维范式，更加注重创新思维和跨学科思维的培养与运用，能够从多个角度、多个层面对问题进行思考，具有更为开阔的思维广度。其次，思维方式多向性还表现在大学生思维内容多样化。在新时代，由于信息技术的广泛应用，大学生掌握的信息资源变得更为广泛和丰富。他们的思维内容不再局限于传统的学科知识，而是涉及更多领域的知识，超越了传统学科的边界。最后，思维方式多向性还表现在大学生的思维具有开放性和包容性。在新时代，大学生的思维方式更加开放，更能接受多元化的观点和声音。他们愿意接受不同的思想、文化和价值观，乐于与他人进行交流与合作，愿意与不同背景的人共同探讨和解决问题；更加尊重和认可不同群体、不同观点的存在，以开放的心态对待不同的意见和建议。

辅导员要注重培养学生多向性的思维方式，以适应新时代的形势变化和学生需求。这对提升辅导员的工作效果和质量、推动高校人才培养目标的实现都具有重要意义。

3.2.2　价值取向多元性

在过去，学生的价值取向相对单一，主要受到传统价值观和道德规范的影响。随着社会不断发展变化、互联网普及和网络信息的快速传播，学生接触了各种价值观念，导致价值取向的多元性成为一种新的特点。一方面，学生对不同的价值取向有了更加开放和包容的态度。在过去，学生往往接受传统的价值取向和思想观念，对其他观点抱有排斥或者怀疑的态度。在新时代，学生的思维方式发生了很大的转变，他们逐渐认识到不同的价值取向存在的合理性，愿意去了解和接纳这些不同的看法。另一方面，多元性的价值取向给学生提供了更多的选择和发展空间。单一的价值取向往往束缚着学生的思想和行为，限制了他们的个性和发展。随着全球多元化的发展趋势，学生开始意识到自身的价值取向是可以选择和塑造的，他们更加注重个体的独立性和多样性、尊重他人的不同选择。

与此同时，多元性的价值取向也给学生带来了一定的挑战和困扰。在面对众多的价值取向时，学生往往会感到迷茫和困惑，不知道如何取舍和判断，继而内心会感到纠结和冲突，需要辅导员帮助他们理清思路，找到自己的定位和方向。在实际工作中，辅导员需要充分认识到这一现象的存在和影响，尊重学生的多元选择，为学生提供一个和谐、包容、自由的学习环境，注重培养学生的价值判断能力，引导他们树立正确的价值观。

3.2.3　道德取向多样性

新时代背景下，大学生的道德取向呈现出多样性的特点，这种道德取向的多样性既体现了大学生个体意识和个性化的发展，也反映了社会变革和价值观念的多元化。

首先，思想观念多元化导致了道德取向的多样化。新时代的大学生接受了更加开放和多元的思想观念，他们对道德问题的看法也更加多样化。一方面，他们更加注重个人的自由和权利，追求个性化的价值观；另一方面，他们也关注社会的公平正义，强调社会责任和集体利益。因此，在道德取向上，大学生既可以表现出有利于个人发展和自由实现的自我为中心的道德取向，也可以表现出有利于社会公共利益和和谐稳定的社会为中心的道德取向。其次，个体道德观念的多样化也带来了道德取向的多样化。在新时代，个体具有不同的人生目标和追求，他们所关注的道德问题也各不相同。一方面，有些大学生追求物质享受和个人成功，注重道德规范和道德准则对个人利益的保障；另一方面，一些大学生关注人与人之间的关系，追求更多的社会交往和情感满足，注重道德规范和道德准则对人际关系和社会和谐的促进。最后，新时代大学生在道德取向上还表现出对于自我发展和自我认同的追求。在个体主义思潮的影响下，大学生更加注重个人的自我实现和精神需求的满足，他们追求个人发展和成长，注重道德规范和道德准则对于个人自由和独立性的保障。他们注重自我认同，渴望获得他人的认可和尊重，注重道德规范和道德准则在个人交往和社会适应中的作用。

辅导员要深入了解大学生道德取向的多样性，根据实际情况进行有针对性的教育和引导，帮助大学生树立正确的道德观念，促进他们健康成长和全面发展。

3.3　高校人才培养目标的重大转变

3.3.1　培养具备国际化视野的人才

具备国际化视野是指大学生应具备对国际事务、全球化背景下的经济、政治、文化等各领域的国际视角，能够理解并适应国际的交流与合作。具备国际化视野已成为新时代高校人才培养目标的重要内容。辅导员在实现这一目标的工作中发挥着重要作用。

首先，辅导员应加强对国际事务的学习和了解，提升自身水平，及时掌握国际事务的新动态，以便将其运用于大学生的思想教育工作中。其次，辅导员需要引导大学生拓宽视野，通过多种形式的国际交流活动，加深对国际事务的理解和认识。例如，可以组织学生参加国际学术交流会议、交流访问、志愿服务等活动，使学生能够近距离接触国际事务的现场，感受国际化的学习环境，触摸到国际事务的脉搏。最后，辅导员还可以鼓励学生参与一些国际性的竞赛或项目、阅读国际期刊等，增强其对国际事务的实际操作能力和理论素养。

总之，在教育管理过程中，辅导员应引导学生从多个角度理解和解读国际事务，以培养他们的独立思考能力并拓展国际化视野。

3.3.2　培养拥有创新性思维的人才

随着社会的不断进步和发展，高校的人才培养目标对学生的创新能力提出了更高的要求。辅导员在工作中应当注重培养学生的创新性思维。

首先，建立激发学生创新思维的环境。辅导员应做好教育引导，组织学生参与各种创新创业项目、“互联网＋”竞赛，营造良好的创新创业环境，培养学生提出问题和创造性解决问题的能力。其次，开展创新教育和培训项目。在课堂教学中，采用启发式教学方法，通过提供创新创业案例，引导学生思考和探索，激发学生的创新潜能。也可以邀请创业者、企业家等成功人士分享自己的创新经验，鼓励学生勇于创新和实践。与此同时，在学生创新能力培养过程中，辅导员还应注重培养学生的合作精神和团队合作能力。创新往往需要多方合作，可以组织学生分组进行项目研究和实践，提倡学生之间的合作与交流，培养他们的团队意识和合作精神。

3.3.3　培养具有实践能力的人才

新时代背景下，培养具有实践能力的人才已经成为高校人才培养的重要目标之一。实践活动不仅可以帮助学生更好地理解社会现象和社会问题，增强学生对社会责任的感知和认识，促进学生更好地适应社会发展需要，还可以帮助学生培养实践操作能力、语言表达能力和解决问题能力，增强团队合作意识，锻炼学生的创新思维，提升综合素质。与此同时，实践活动不仅能帮助学生更好地自我探索，了解自己的兴趣和爱好，发现自己的优势和不足，而且能锻炼学生的自主学习能力、自我管理能力和自我反思能力，培养学生的自信心和担当意识，促进学生的自我实现和发展。

辅导员在培养学生实践能力方面发挥着重要作用。一方面，辅导员需要经常开展实践教育，通过讲座、经验交流会、主题班会等形式引导学生积极参与社会实践，积极通过参加实地调研、暑期社会实践、寒假见习、兼职、实习等方式拓宽视野，锻炼实践能力；另一方面，辅导员需要组织开展丰富多样的实践活动和项目，通过与企业、社会机构等合作，为学生提供实践平台和机会，指导和帮助学生学习掌握实践技能，培养实践意识和创新能力。与此同时，辅导员也应提升自身的实践能力和实践素养，不断学习和研究实践教育的理论与应用，以便更好地指导学生。

第四章

新时代背景下高校辅导员的角色定位、工作职责、工作理念

4.1 高校辅导员的角色定位

在新时代背景下，大学生的思想观念呈现出思维方式多向性、价值取向多元性、道德取向多样性的特点。辅导员在面对这些新特点时，要进一步明晰角色定位，创造性开展思想政治教育工作。

4.1.1 辅导员是大学生日常思想政治教育和管理工作的组织者、实施者和指导者

大学时期是一个人自我意识发展逐步趋于成熟和稳定的重要阶段，也是一个人树立正确价值观、培养良好道德品质的关键时期。辅导员作为大学生日常思想政治教育和管理工作的组织者、实施者和指导者，在大学生成长成才中扮演着重要角色，承担着为党育人、为国育才的重要职责。

作为组织者，辅导员负责大学生思想政治教育工作的协调和安排及管理工作的具体实施。通过制订学生思想教育计划、组织思想教育活动及督促学生参与社会实践等方式，促进学生成长与发展。比如，辅导员可以通过组织学生参加讲座、座谈会、研讨会等教育活动，为学生提供丰富多样的学习平台，锻炼学生的创新性思维，增强学生独立思考的能力。作为实施者，辅导员需要具有广泛的知识储备和丰富的教育经验，便于有效组织实施思想政治教育工作和管理工作。因此，辅导员需要不断充实自己的理论知识体系，提高自身的专业实践能力。同时，辅导员还需要了解学生的思想特点和心理特点，并根据这些特点

制订相应的教育方法和策略。作为指导者，辅导员还承担着指导学生的重要责任。辅导员应当了解学生的个性特点和成长需求，根据学生的实际情况制定个性化的指导方案，引导学生树立正确的世界观、人生观和价值观。与此同时，辅导员还应与学生建立信任和友好的沟通关系，善于运用谈心谈话技巧，帮助学生解决心理上的困惑和难题，促进学生全面健康地成长。

4.1.2　辅导员是大学生的人生导师

辅导员作为大学生的人生导师，具有重要的角色定位和使命责任。辅导员不仅是大学生的倾诉对象和情感支持者，更是指导他们进行人生规划和价值导向选择的重要引导者。

首先，辅导员应该在日常工作中注重疏导大学生在世界观、人生观和价值观等方面遇到的困惑，引导大学生形成正确的价值取向。其次，辅导员还应该关注大学生的内心需求和个人发展需求，通过指导学生完成个人职业生涯规划，帮助学生树立明确的短期目标和长期目标，从而引导学生更好地规划人生发展目标，促进学生自我价值的实现。最后，辅导员还应该扮演大学生思想情感倾听者的角色，为学生提供情感支持和心理辅导，通过积极倾听、真诚、尊重、共情等方式，与学生建立良好的沟通关系和情感基础，通过提升学生自我效能感，引导学生树立自信心，不断增强抗压能力和抗挫折能力，让学生在人生道路上获得最大的指导和帮助。

4.1.3　辅导员是大学生健康成长的知心朋友

辅导员作为大学生健康成长的知心朋友，在新时代背景下扮演着重要角色。辅导员与大学生建立起了一种特殊的关系，亦师亦友，他们之间的互动和沟通是双向的。通过与大学生建立真挚而稳定的关系，辅导员能够更好地理解学生的需求和困惑，给予学生正确的引导和帮助。

辅导员作为大学生健康成长的知心朋友，需要具备一定的专业知识和技能。首先，辅导员需要具备一定的心理学知识，了解大学生心理发展的规律和特点，能够分析和解决大学生面临的心理困扰。其次，辅导员需要具备一定的沟通和倾听技巧，能够与大学生进行有效沟通和交流，理解他们的需求和困惑。然后，辅导员需要具备一定的教育和指导能力，能够通过开展各种形式的教育活动，引导大学生树立正确的世界观、人生观和价值观。最后，辅导员还需要具备一定的心理关怀和情感支持能力，能够关心大学生的身心健康，给予他们情感的支持和鼓励。

总之，作为大学生健康成长的知心朋友，辅导员应该不断提升自己的专业技能，增强自己的服务意识和情感支持能力，为大学生提供更加全面和个性化的成长支持。

4.2 高校辅导员的工作职责

《普通高等学校辅导员队伍建设规定(教育部第43号令)》明确了辅导员的主要工作职责，为辅导员的工作指明了方向。主要有以下9个方面。

(1)思想理论教育和价值引领。引导学生深入学习习近平总书记系列重要讲话精神和治国理政新理念新思想新战略，深入开展中国特色社会主义、中国梦宣传教育和社会主义核心价值观教育，帮助学生不断坚定中国特色社会主义道路自信、理论自信、制度自信、文化自信，牢固树立正确的世界观、人生观、价值观。掌握学生思想行为特点及思想政治状况，有针对性地帮助学生处理好思想认识、价值取向、学习生活、择业交友等方面的具体问题。

(2)党团和班级建设。开展学生骨干的遴选、培养、激励工作，开展学生入党积极分子培养教育工作，开展学生党员发展和教育管理服务工作，指导学生党支部和班团组织建设。

(3)学风建设。熟悉了解学生所学专业的基本情况，激发学生学习兴趣，引导学生养成良好的学习习惯，掌握正确的学习方法。指导学生开展课外科技学术实践活动，营造浓厚学习氛围。

(4)学生日常事务管理。开展入学教育、毕业生教育及相关管理和服务工作。组织开展学生军事训练。组织评选各类奖学金、助学金。指导学生办理助学贷款。组织学生开展勤工俭学活动，做好学生困难帮扶。为学生提供生活指导，促进学生和谐相处、互帮互助。

(5)心理健康教育与咨询工作。协助学校心理健康教育机构开展心理健康教育，对学生心理问题进行初步排查和疏导，组织开展心理健康知识普及宣传活动，培育学生理性平和、乐观向上的健康心态。

(6)网络思想政治教育。运用新媒体新技术，推动思想政治工作传统优势与信息技术高度融合。构建网络思想政治教育重要阵地，积极传播先进文化。

加强学生网络素养教育，积极培养校园好网民，引导学生创作网络文化作品，弘扬主旋律，传播正能量。创新工作路径，加强与学生的网上互动交流，运用网络新媒体对学生开展思想引领、学习指导、生活辅导、心理咨询等工作。

(7)校园危机事件应对。组织开展基本安全教育。参与学校、院(系)危机事件工作预案制定和执行。对校园危机事件进行初步处理，稳定局面控制事态发展，及时掌握危机事件信息并按程序上报。参与危机事件后期应对及总结研究分析。

(8)职业规划与就业创业指导。为学生提供科学的职业生涯规划和就业指导及相关服务，帮助学生树立正确的就业观念，引导学生到基层、到西部、到祖国最需要的地方建功立业。

(9)理论和实践研究。努力学习思想政治教育的基本理论和相关学科知识，参加相关学科领域学术交流活动，参与校内外思想政治教育课题或项目研究。

4.3　高校辅导员的工作理念

辅导员应积极更新工作理念，以便适应快速变化的高等教育环境，为学生的成长和发展提供更好的支持和指导。

4.3.1　尊重规律的理念

为了更好地开展新时代大学生思想政治教育工作，辅导员应树立尊重时代发展规律、尊重思想政治教育规律、尊重学生成长规律和个体差异的工作理念。

首先，尊重时代发展规律。在互联网高速发展的背景下，辅导员应结合时代特点，利用现代化的信息技术手段，积极创新辅导员工作方式方法。一方面，善于运用网络教育资源，开展线上线下相结合的思想政治教育活动，满足学生多样化的学习需求；另一方面，辅导员要不断学习和更新知识，不断提升自身的专业素养和能力，以更好地适应时代的要求。其次，尊重思想政治教育规律。在进行思想政治教育时，辅导员可以搭建多样化的交流平台，锻炼学生独立思考的能力，引导学生从不同角度思考问题，形成独立、科学的思维方式。与此同时，辅导员要尊重学生思维的多样性，不强推自己的意见和观点，而是通过启发引导，帮助学生形成自己的思考方式并做出合理的选择。最后，新时代背景下大学生的思维方式、价值取向和道德取向呈现出多样化的特点。这就要求辅导员必须尊重学生的成长规律和个体差异，注重倾听学生的心声，理解他们的需求和困惑。同时，辅导员应尊重学生的思想观念和独立人格，不轻易批评和指责，通过与学生真诚地沟通和交流，发现学生的优点和潜力，并积极引导学生健康成长。

4.3.2 促进学生全面发展的理念

促进学生全面发展是辅导员工作的重要理念之一。在注重培养学生全面发展的基础上，辅导员可以更好地履行其工作职责，促进学生成长与发展，为高校人才培养目标的实现做出积极贡献。

首先，促进学生全面发展的理念体现了辅导员在工作中对学生成长的高度重视。辅导员作为大学生思想政治教育和管理工作的组织者、实施者和指导者，其首要任务是帮助学生全面发展，培养学生的学术能力、创新思维和实践能力等。在促进学生全面发展理念的指导下，辅导员不仅注重学生的专业知识素养，还注重培养学生的自主学习能力、团队合作意识和创新意识等，使其具备更好的发展潜能。其次，促进学生全面发展的理念强调了辅导员要因材施教。每个学生都有自己的兴趣、特长和潜能，辅导员应根据学生的个性差异，制订个性化的教育计划和辅导方案。通过灵活运用不同的教育方法和手段，激发学生的学习兴趣，开发学生的潜能，实现个性化的成长与发展。最后，辅导员要关注学生的全面发展，还应关注学生的人格发展、道德修养和身心健康。通过关怀和引导，辅导员可以帮助学生树立正确的价值观，增强责任感和社会担当，提高学生的自我管理和健康生活能力。

在实际工作中，辅导员要贯彻促进学生全面发展的理念，需要遵循 3 个原则。第一，要了解学生的需求和特点，为其提供有针对性的帮助和指导。第二，要建立与学生的良好沟通与互动，关注学生的成长进程，及时反馈和调整辅导措施，确保其有效性。第三，要不断提升自身的教育教学水平和专业素养，不断更新知识和方法，以更好地适应新时代大学生的发展需求。

4.3.3 注重育人实效的理念

注重育人实效的理念要求辅导员的工作方法和手段必须能够有效地促进大学生的发展和成长。首先，辅导员的工作方法必须能够真正发挥作用，对大学生的思想政治教育、人生发展等方面产生积极的影响。辅导员在开展工作时，需要针对学生具体的需求和问题，制订出有针对性的工作方案，并采取科学有效的方法与手段实施。只有通过真正有效地参与和指导学生的学习、生活以及心理健康等方面，才能体现出辅导员工作的实效。其次，辅导员的工作方法必须能够产生可见的成果，具有实际的效果。辅导员在指导学生时，要注重实践性，帮助学生将理论与实际相结合，促使学生真正将所学知识应用于实际生活中，并取得实际的成果与收获。在开展教育活动时，辅导员要注重结果的评估和反馈，及时调整和改进工作方法，确保工作的实效性和实际效果。最后，辅导员的工作方法要能够适应快速变化的社会环境。辅导员应关注社会环境的变化，掌握时代发展的规律和趋势，不断更新和改进工作方法，以达到更好的实效。特别是在互联网高速发展的背景下，辅导员要积极运用网络技术与平台，扩大教育活动的覆盖面和影响力，提高工作的实效性和扩展性。

第五章 新时代背景下高校辅导员在工作中面临的问题

5.1 工作压力问题

辅导员的工作压力是一个普遍性存在的问题，对辅导员的工作积极性和工作效果产生一定的影响，主要体现在工作任务繁重、工作难度提升、工作环境和组织机制不完善等方面。

首先，辅导员的工作职责涉及思想理论教育和价值引领、学生日常事务管理、心理健康教育与咨询等方面，有时还要承担学校和学院的行政工作，工作任务重，工作内容繁杂，辅导员有限的时间和精力难以满足这些任务的要求。其次，辅导员的工作具有一定的复杂性和专业性。辅导员不仅需要根据学生的个性和需求，提供个性化的指导和服务，而且还需要处理学生的心理问题和情绪困扰。这种高度复杂性和专业性的工作任务不仅需要辅导员具备全面的知识和技能，还需要具备较强的应变能力和人际沟通能力，这也给辅导员带来了更多的工作压力。最后，工作环境和组织机制不完善也是造成辅导员工作压力大的重要原因。一方面，一些高校对辅导员工作的重视程度不够，工作条件和资源相对紧张，无形中给辅导员工作带来了困难和压力；另一方面，一些高校对辅导员工作的评价和认可度不高，缺乏有效的激励机制，并且晋升渠道不通畅，导致辅导员产生工作不满或不认同感，进而影响到工作积极性和效果。

通过合理分配工作任务、加强培训和能力建设、改善工作环境和组织机制，可以在一定程度上缓解辅导员的工作压力，提高工作效率和满意度，这对提升辅导员的工作质量和效果具有重要意义。

5.2　工作满意度问题

辅导员的工作满意度直接关系到其工作动力、工作效率和工作质量，对于辅导员的个人发展和辅导员队伍的建设都具有重要意义。辅导员工作满意度不高也是普遍性存在的一个问题，主要体现在工作动力不足、工作效率不高、个人发展受限等方面。

首先，工作满意度直接关系到辅导员的工作动力。辅导员承担着高校学生管理和服务的重要角色，需要具备积极的工作态度和高度的工作热情。辅导员对自身的工作结果和效果感到满意，可以更好地激发工作动力，更加投入和专注于工作；相反，辅导员工作动力不足时，思想政治教育育人实效会相应降低。其次，工作满意度与辅导员工作效率密切相关。辅导员的工作满意度高，意味着其对工作的认同和满足程度较高，这种积极的工作情感将促使辅导员更好地发挥自己的专业优势和能力，提升工作效率。而当辅导员的工作满意度低时，可能会导致其在工作中出现心思不集中、效率低下甚至出现工作疲劳等问题，进而影响到辅导员工作的质量和效果。最后，工作满意度问题也与辅导员的个人发展紧密相关。辅导员工作满意度高的情况下，辅导员更容易获得成就感和满足感，有助于其个人发展和职业成长。辅导员工作满意度低时则容易导致辅导员产生职业倦怠感，对辅导员个人的发展造成不利影响。

深入了解辅导员对工作满意度的认知、感受和期望，可以揭示工作满意度的影响因素和机制，为辅导员工作的改进和优化提供理论依据和实践指导。通过提高辅导员的工作满意度，可以提升辅导员个人的发展和职业成就感，进而推动整个辅导员队伍的建设和发展。

5.3　工作实效提升问题

随着高等教育环境的改变，学生的思想、心理呈现出新特点，辅导员工作效果有待进一步提升。辅导员要因事而化、因时而进、因势而新，进一步注重学生的个性化辅导，注重提升自身专业技能，注重工作效果评估，不断提升育人工作实效。

首先，辅导员工作需要更加关注学生的个体差异，因为每个学生的成长环境、需求和问题都是不同的。在工作中应该注重发现学生的优势和潜力，帮助学生解决问题。其次，辅导员工作需要更加注重有效沟通。沟通是工作的基础，通过有效沟通，可以更好地理解学生的需求和问题，为学生提供及时有效的帮助和支持。同时，辅导员还应与其他教师和家长等建立良好的沟通合作关系，共同关心学生的成长和发展，形成育人合力。然后，辅导员工作需要更加注重自我教育。随着社会的快速发展和教育环境的改变，辅导员需要不断更新知识结构，提升专业技能，掌握最新的教育理论和方法，以更好地适应学生的需求变化和工作环境变化。最后，辅导员工作需要更加注重工作规范和效果评估。辅导员应明确工作目标和任务，制订具体的工作计划，并根据学生的实际情况进行工作效果评估和方案调整，不断提高工作效率和满意度。

第六章

新时代背景下高校辅导员工作方法的继承、优化与创新

6.1　高校辅导员工作方法蕴含的理论体系

6.1.1　马克思主义基本理论是高校辅导员工作的理论基础

马克思主义基本理论作为一种科学的世界观和方法论体系，为新时代辅导员工作提供了重要的理论基础和方法支撑。马克思主义基本理论以辩证唯物主义和历史唯物主义作为总纲，旨在揭示物质世界的一般规律和历史发展的本质规律。

在辅导员工作中，辩证唯物主义的思想方法特别重要。辅导员在开展工作时，应树立全局观念，把握问题的矛盾性和复杂性。一方面，辩证唯物主义强调对事物的全面认识和分析，辅导员需要善于辨别问题的主要矛盾和矛盾的主要方面，并寻求解决问题的对策。在面对新时代高等教育环境及形势变化时，辅导员应从整体角度审视问题，提出适应新形势的工作方法。另一方面，历史唯物主义的观点对于辅导员工作也具有重要意义。历史唯物主义认为社会发展具有一定的规律性和必然性，人的思维和行为是社会历史发展的产物。新时代背景下，辅导员要通过对社会发展规律的认识，深入研究大学生的成长环境和特点，针对不同情况制定科学的工作方案，为其提供有效的指导与帮助。

马克思主义基本理论的运用能够为新时代辅导员工作提供科学指导。辅导员应在实践中不断总结经验，将马克思主义基本理论和辅导员工作实践相结合，为学生提供符合时代需求和学生特点的指导方案，帮助学生解决实际问题。

同时，辅导员应坚持马克思主义基本理论的指导思想，加强学习与实践，积极提升自身理论水平和工作能力，为新时代辅导员工作贡献智慧。

6.1.2 思想政治教育学科理论是高校辅导员工作的学科基础

思想政治教育学科理论是辅导员工作的学科基础。辅导员的主要工作对象是大学生，而思想政治教育正是大学教育的重要组成部分。因此，将思想政治教育学科理论作为辅导员工作的学科基础，具有深远的意义。通过对思想政治教育的深入学习和研究，辅导员可以更好地指导大学生的思想教育工作，运用科学的方法和策略，提高辅导员工作的质量和效果。同时，学科理论的不断创新和发展，也为辅导员工作提供了引领方向和发展动力。

首先，思想政治教育学科理论提供了辅导员从理论上指导大学生思想教育工作的基础。学科理论基于系统、科学的思想政治教育理论体系，将辅导员的工作纳入统一的范畴，有助于辅导员更好地把握大学生思想教育的核心内涵和基本要求。通过对思想政治教育的研究，辅导员可以了解到大学生思想观念形成的规律和特点，从而有针对性地开展思想教育工作，为大学生全面发展提供有力支撑。其次，思想政治教育学科理论为辅导员工作提供了实用的方法和策略。学科理论研究思想教育的目标、内容、方法等方面的问题，逐渐形成了一系列行之有效的教学方法。辅导员可以借鉴这些方法，针对大学生的特点和需求，选择适合的教育手段和途径，提高辅导员工作的操作性和实效性。而这些教学方法的有效性和科学性，正是基于对思想政治教育学科理论的深入研究和不断探索。最后，思想政治教育学科理论为辅导员工作提供了引领方向和发展动力。学科理论的研究成果，既反映了历史上的成熟经验和成功案例，也体现了当代的研究前沿和创新思维。辅导员可以通过学科理论的学习和研究，了解到国内外思想政治教育领域的最新进展和成果，为自身的工作提供指导和启示。同时，学科理论的不断创新和发展，也为辅导员工作提供了持续创新的动力，鼓励辅导员不断更新自己的理念和方法，提升工作水平和质量。

6.1.3 社会学、心理学等相关学科理论是高校辅导员工作的知识借鉴

在新时代辅导员工作中，社会学和心理学等相关学科理论被视为重要的知识借鉴。这些学科理论的运用不仅可以提升辅导员工作的科学性和有效性，也

有助于更好地了解新时代大学生的特点和需求,促进学生全面发展。通过合理整合和综合运用这些学科理论,辅导员可以更好地适应形势变化和工作需求,为大学生的成长和发展提供更加全面的支持和指导,不断优化与创新辅导员工作方法。

一方面,社会学理论为辅导员工作提供了一种社会化的视角。辅导员工作的核心是帮助大学生解决个人问题及其对社会问题的困惑,而社会学理论提供了分析和理解社会问题的工具和方法。通过社会学的视角,辅导员可以更好地把握社会转型不断深化和社会结构变化带来的影响,为大学生提供更有针对性的帮助和指导。另一方面,心理学理论为辅导员工作奠定了科学的基础。心理学研究人类的心理过程和行为,深入理解个体的思维、情感和行为特点。在辅导员工作中,了解大学生的心理特点和心理需求,是有效开展工作的前提和基础。通过运用心理学理论,辅导员可以更好地理解大学生的成长和发展过程,发现并帮助学生解决存在的心理问题,提升学生的心理健康水平。除了社会学和心理学,其他相关学科理论也对辅导员工作方法优化与创新提供了重要的知识借鉴。例如,教育学理论可以帮助辅导员更好地了解教育的本质和规律,为大学生的学习和发展提供科学的指导。管理学理论可以帮助辅导员提高组织和管理能力,有效组织和实施各项工作。职业道德和伦理学理论可以引导辅导员遵循职业道德规范、保持专业素养等。这些学科理论的知识借鉴为辅导员工作方法的优化与创新提供了理论支持和实践指导。

6.2 高校辅导员工作的基本原则

6.2.1 尊重时代发展规律

尊重时代发展规律是新时代辅导员工作的必然要求。时代发展是具有自身规律的。随着互联网高速发展,信息技术普及和应用,新时代背景下辅导员工作也面临着新的挑战和变革。辅导员要与时俱进,积极引导学生适应社会变革,关注时代变革对学生思想的影响,以此为基础,不断创新和完善辅导员工作方法,提高辅导员工作的实效性和针对性。

首先,尊重时代发展规律意味着辅导员工作方法应与时俱进。新时代背景下,社会不断进步,科技不断发展,辅导员工作方法必须与时俱进,以便不断适应新形势下学生思想特点的变化。辅导员应运用互联网技术等新媒体手段，积极开展线上线下的思想政治教育活动，使学生受益于互联网时代的优势信息资源，更好地进行自我教育和自我管理。其次，尊重时代发展规律意味着辅导员应积极引导学生适应社会变革。时代的发展不仅需要辅导员了解和适应，更需要辅导员引导学生理解并主动适应和应对社会变革。辅导员要通过开展实践活动、搭建实践平台等方式，引导学生主动投身社会实践，锻炼实践能力，增强对社会问题的敏感性，提升解决问题的能力。最后，尊重时代发展规律还意味着辅导员要关注时代变革对学生思想产生的影响。随着时代的不断变革，学生的思维方式、价值观念和道德取向也发生了深刻的变化。辅导员要了解学生的思想观念，关注学生的思想需求，针对不同学生的特点和需求，制定个性化的辅导方案，提供针对性的指导和服务。

6.2.2 尊重思想政治教育规律

尊重思想政治教育规律对新时代辅导员工作至关重要。辅导员工作的核心任务是对大学生进行思想政治教育，而思想政治教育有其自身的规律。为了准确把握思想政治教育规律，辅导员要深入了解学生思想观念的变化和新时代背景下社会环境的变化。

首先，辅导员要了解学生思想观念的多元化和价值取向的多样性。辅导员要承认并尊重学生的思维方式和价值取向，能根据学生的需求，以开放、包容的态度引导学生思考，帮助学生形成独立自主的思维方式和正确的价值取向。其次，要注重培养学生的创造性。新时代背景下辅导员工作的目标之一是培养具有创新性思维的学生，而创新性思维的培养需要依靠学生自主思考，主动发现问题，并能创造性解决问题。辅导员应搭建创造性的平台，给予学生充分的自主空间，鼓励学生提出自己的见解和观点，并帮助学生培养创新意识。最后，社会转型不断深化、互联网高速发展等新形势对思想政治教育产生了深刻影响，辅导员要紧跟时代步伐，关注新的社会问题和学生需求，探索思想政治教育规律，及时调整和创新思想政治教育方法。

6.2.3 尊重学生成长规律

尊重学生成长规律是辅导员工作应秉持的基本原则之一。通过深入理解学生的成长特点和需求，关注学生的差异性、主体性和主动性，关注学生的情感需求，辅导员能够更好地发挥作用，帮助学生全面发展，实现个人目标和社会价值。

首先，辅导员应深入了解学生的成长特点和需求，了解他们在大学生活中所面临的困惑和挑战。辅导员应与学生沟通，提供针对性的辅导和帮助，以促进学生全面发展。其次，辅导员需要关注学生的差异性。对学生的成长，辅导员应尊重个体差异，理解每个人成长的过程和速度是不同的。在对待学生问题时，辅导员应坚持以理解和包容的态度，关注学生的潜力和成长空间，并帮助他们克服困难、发展潜力、实现个人目标。同时，辅导员还应关注学生的主体性和主动性。根据学生成长的规律，辅导员应引导学生在自主学习和自主发展中发挥主体作用。辅导员应提供适当的资源和支持，并鼓励学生发挥自己的才能和能力，积极参与各类活动和课程，实现个人价值和社会价值。最后，辅导员需要关注学生的情感需求。学生在大学生活中面临各种情感问题，如孤独、困惑、焦虑等。辅导员应设身处地为学生着想，给予他们尊重和理解，并提供心理支持和咨询服务。辅导员应倡导积极健康的情感表达和处理方式，帮助学生建立积极向上的情感态度，培养健康的情感管理能力。

6.3　高校辅导员工作的方法

6.3.1　谈心谈话

谈心谈话是辅导员对学生开展思想政治教育的重要手段。国务院印发的《关于进一步加强和改进大学生思想政治教育的意见》要求辅导员要结合大学生实际，广泛深入开展谈心活动，有针对性地帮助大学生处理好学习成才、择业交友、健康生活等方面的具体问题。谈心谈话是指通过与学生进行亲切、真诚、深入的交流，倾听他们的内心世界和关注他们的思想、情感、需求，以达到引导、关心、帮助和教育的目的。这种方法强调以人为本，注重与学生的情感沟通，以期获得更好的教育效果。

谈心谈话有利于建立密切的师生沟通关系，打破师生之间的隔阂和距离。通过谈心谈话，辅导员可以更好地了解学生的内心世界、关心他们的成长和发展，通过适时的引导和教育提升学生的思想品质和心理素质。一方面，辅导员在谈心交流中需要展现出亲和力和友善态度，通过自我敞开和真诚的对话，与学生建立起信赖和亲近的关系。这种亲密关系可以帮助辅导员更好地把握学生的情感状态和成长需求，从而更好地进行心理指导和教育。另一方面，辅导员还要注重理解、尊重和支持学生的个体化需求。通过深入沟通交流，辅导员能够更好地了解学生的成长经历、内心想法、困惑和问题，近距离感受学生的情感需求，通过个性化引导和帮助，提升辅导员在思想引导和心理支持方面的工作效果。

辅导员在实践中要熟练掌握谈心谈话技巧，并在具体工作中灵活运用，使其发挥出最大的教育效果。也需要结合新时代大学生的特点和需求，不断创新和完善谈心谈话方法，以适应不断变化的高等教育环境，满足学生的实际需求。

6.3.2 主题教育

主题教育是辅导员在工作中常使用的一种教育方法。通过确定一个主题或者话题，并围绕这个主题开展一系列教育活动，以激发大学生的学习兴趣和学习动力，培养他们的综合素质和能力。在使用这种方法时，辅导员首先需要确定一个与大学生实际需求相结合的主题，如学习方法、心理辅导、职业规划、人际交往等。然后通过组织主题班会、主题讲座、主题沙龙、主题观影等方式，让学生在积极参与过程中，主动学习和思考。在应用主题教育方法过程中，辅导员要尽量提供多样化的教育方法和资源，例如网上资源、实地考察，或者邀请一些专家学者、优秀学长学姐等来参与主题教育活动，以满足不同学生的需求。

主题教育的优势在于通过将学习内容与实际问题相结合，能够更好地激发学生的学习兴趣和积极性，也能够帮助学生形成知识之间的联系和系统的思维方式，培养学生的综合素质和能力。主题教育的有效实施，对辅导员的工作能力提出了更多的要求，加大了辅导员的工作压力，辅导员需要花费较多的时间和精力来策划和组织各种主题教育活动，需要关注每个学生的学习需求和问题，以确保每个学生都能得到适当的学习支持和指导。

6.3.3 调查研究

毛泽东同志曾说过："没有调查就没有发言权。"做学生工作也是一样，需要一切从实际出发。调查研究法是辅导员通过查阅档案、谈心谈话、家校沟通、访谈、问卷调查等方式了解学生的原生家庭、心理健康、情绪情感、人际交往、职业规划、学业等方面情况，并对其进行综合分析，对学生进行分类管理，比如单亲家庭学生、家庭经济困难学生、学业困难学生、心理问题学生等，建立“一生一档”，定期更新学生状态。辅导员通过调查研究法，可以全面了解学生实际情况。遇到突发紧急情况时，便于抓住问题本质，具体问题具体分析，更有针对性地指导和帮助学生。

6.3.4　朋辈榜样

朋辈榜样是一种重要的辅导员工作方法，在新时代辅导员工作中具有一定的时代运用价值。通过树立榜样，辅导员可以引导大学生树立正确的世界观、人生观和价值观。榜样可以是优秀学生、教师、校友等，他们的成功经验和人格魅力可以激发大学生的学习热情和自我激励意识。通过讲述榜样故事，辅导员可以引导大学生形成积极向上、勇于拼搏、追求卓越的精神。

该方法的运用需要辅导员具有一定的教育策划和组织实施能力。首先，辅导员需要充分了解大学生的兴趣爱好、学科特长等，针对不同学生的需要找到适合的榜样。其次，辅导员需要将榜样的经验故事转化为生动、有趣、易于理解的教育故事，使大学生能够很好地接受和理解。在讲述榜样故事时，辅导员可以通过图片、视频等多种形式展示榜样的形象和经验，增强教育的感染力和震撼力。最后，辅导员还可以通过与榜样的面对面交流、实地考察、参加学术研讨会、参加社团活动和社会实践等多种方式，帮助大学生更加全面地了解榜样的事迹和思想，引导学生借鉴榜样的经验和方法，将理论知识与实践相结合，提升自身的实践能力和综合素质，进一步加强教育效果。

6.4　新时代背景下高校辅导员工作方法的优化

6.4.1　善于应用新媒体技术和数字化工具

现代科技的快速发展为辅导员工作带来了新的机遇和挑战，采用新媒体技术和数字化工具可以提升辅导员的工作效率和工作质量。

一方面，辅导员可以借助各种软件和平台来管理和处理学生信息。例如，辅导员可以使用学生管理系统来记录学生的个人信息、学习情况和问题反馈，以便更好地了解学生的需求，并及时给予指导和帮助。辅导员还可以利用在线教学平台和社交媒体等信息化工具，创建学习资源和互动交流的平台，以促进学生的学习和成长。另一方面，辅导员可以利用大数据分析技术来进行学生个性化辅导。通过收集和分析学生的学习数据和行为数据，辅导员可以了解学生的学习习惯、兴趣爱好和潜在问题，并根据这些数据为学生提供针对性的指导和建议。例如，辅导员可以根据学生的学习成绩和考勤情况，制订个性化的学习计划，并根据学生的情况进行课程调整和教学反馈。除此以外，辅导员可以通过远程教育和在线咨询等方式来扩大影响力和提供更广泛的支持。现代科技使得辅导员可以不受地域限制，通过网络平台和视频会议等方式与学生进行交流和咨询。辅导员可以通过在线咨询平台和微信公众号等社交媒体，为学生解答问题、提供心理辅导和职业指导等服务，以满足不同学生的需求。

6.4.2 善于提升谈心谈话效果

科学有效地开展谈心谈话工作，不仅是辅导员工作职责的要求，也是辅导员工作能力的体现。

辅导员可将心理咨询技术引入谈心谈话工作，就是在思想政治教育学科平台的基础上，融入心理学、社会学等相关社会科学的技术手段，与学生建立良好的谈心谈话关系，根据学生的心理特点和个性特征有针对性地帮助学生解决思想上和实践中的问题，提高心理辅导的育人效果，也可以进一步构建辅导员队伍相关学科的理论与话语体系。有心理咨询资质或者经过专业训练的辅导员，可以对有疑问或者轻微困扰的学生提供心理辅导，比如学生偶发性的学习困扰、人际困扰、恋爱困扰等。做心理辅导可以采用叙事疗法、焦点解决短期心理咨询等方法。在与学生进行谈心谈话过程中，可以采用 SOLER 技术、倾听技术、反应技术、共情技术等。这些方法与技术的应用，可以有效提升辅导员谈心谈话的质量。

首先，恰当的语言可以提升谈心谈话实效。辅导员运用亲切、真诚的语言，可以使学生感受到被尊重、被关心，从而增强学生的自信心和归属感。谈心谈话中，辅导员运用恰当的语言引导学生思考，与学生进行真诚的对话，倾听学生的内心世界，了解他们的困惑和问题，有助于达到思想教育的目的，帮助学生形成正确的世界观、价值观和人生观。其次，谈心谈话的时间选择和场地选择也需要根据学生的特点精心设定，以满足学生多样化的需求。在时间选择方面，辅导员需要根据大学生面临的困惑、经历的事件和情绪的变化，合理安排谈话时间，可以在事情发生的第一时间，可以在课后、晚自习后、周末等时间段，也可以在课堂时间段，针对学生的学习、择业、交友、心理状况等进行指导与辅导。在场地选择方面，辅导员需要根据学生的具体情况选择合适的场所进行谈心谈话。辅导员工作站、心理咨询室等专门的场所有良好的隐私性和专业性，是进行个别辅导和心理咨询的理想选择。而对于学生群体较大的谈心谈话，辅导员可以选择图书馆、教室或者多功能厅等场地。同时，利用社交媒体等互联网平台开展在线辅导和交流活动，也是现代辅导员工作的一种重要途径。互联网交流平台场地的运用，能够打破时空限制，强化谈心谈话的时效。最后，谈心谈话的过程调控也至关重要。辅导员要善于运用不同的引导方式，激发学生的主动性和创造性，帮助他们更好地探索和认识自己，提高自我意识和自我管理能力。辅导员也要善于运用积极的倾听技巧，包括关注学生言外之意、积极回应学生情感等，悉心倾听学生的困惑和烦恼，并给予积极的情感支持和安慰，帮助学生战胜困难和压力，以便更好地理解学生的需求和关切，并及时给予积极的支持和帮助，建立辅导员与学生良好的沟通关系。

6.4.3　善于多方法组合运用

在新时代辅导员工作中，方法的选择与运用是至关重要的。方法的组合运用能够更好地满足不同学生的需求，提升工作的效果和质量。

首先，方法的组合运用需要根据具体的工作情境和学生需求来确定。在进行方法组合运用时，辅导员需要充分了解学生的个性、思想特点和问题所在，然后针对性地选择适当的方法进行组合。比如，在实施谈心谈话的过程中，辅导员可以结合主题教育，通过设置合适的话题和活动形式来引导学生思考和讨论，以达到更好地引导和教育效果。此外，还可以结合朋辈榜样，通过介绍一些成功的个案或者身边的榜样人物来激发学生的积极性和学习动力。其次，在方法组合运用过程中，辅导员需要具备较强的判断力和灵活性。辅导员应当能够准确地分析学生的需求和问题，然后根据实际情况灵活地选择和调整方法的组合方式。然后，在方法组合运用中要注重方法之间的衔接和转换，确保方法的组合能够形成一个完整的教育过程，使学生能够逐步理解和接受所传达的内容。最后，方法的组合运用还需要辅导员具备较高的教育敏感性和创造性。辅导员应当能够根据学生的特点和需求，创造性地设计和运用不同的方法，使教育过程更加丰富多样、生动有趣，减少单一方法带来的乏味感。辅导员还需根据学生的情况及时调整方法的组合，使其更加符合学生的需求和发展规律。

6.4.4 提升辅导员的工作能力

辅导员的工作能力对于提高工作效果和满足学生需求至关重要。辅导员应不断丰富和拓宽自身专业知识储备。首先，辅导员应积极主动地学习相关的专业知识和技能，在专业领域保持敏感度和思维活跃度。例如，及时了解新时代高等教育背景下学生的心理特点、行为模式和需求，熟悉并灵活运用心理学、教育学等相关知识，以便更好地开展工作。其次，辅导员应建立良好的学习习惯和自我反思机制，通过不断地反思自己的工作实践、总结经验和教训、发现问题和改进方法。例如，辅导员可以定期进行工作反思，对过去一段时期的工作进行评估和总结，发现问题并提出改进措施。最后，辅导员还应该参加各种培训和学术交流活动，与同行交流经验，汲取他人的成功经验和教训，以提高自己的工作水平。例如，通过参加研讨会、研究班等活动，学习先进的教育理念和管理经验，不断更新自己的知识和认识。

辅导员应不断提升专业技能，以便能够更好地为学生提供帮助和咨询。第一，辅导员应具备良好的沟通和表达能力。辅导员与学生之间的交流沟通是解决学生问题和提供帮助的基础。因此，辅导员应该不断提升自己的沟通和表达能力，包括口头和书面表达能力，以便能够与学生进行有效沟通和交流，并提供明确的指导和建议。第二，辅导员应具备良好的心理素质和情绪管理能力。辅导员经常面对学生的情绪问题和心理困扰，为了更好地对学生进行心理辅导，辅导员需要具备良好的心理素质和情绪管理能力。第三，辅导员应该具备自我调节的能力，保持积极的心态和乐观的情绪，以便更好地帮助学生解决问题。第四，辅导员应具备团队合作和领导能力。在辅导员工作中，常常需要与其他教师、辅导员和学生家长等合作，因此辅导员应具备良好的团队合作能力。同时，辅导员也需要具备一定的领导能力，能够在团队中起到带领、协调和推动的作用，以便能够更好地履行自己的职责和提供学生服务。第五，辅导员需要具备主动学习的意识和决心，关注学科前沿和热点问题，保持知识更新和专业成长。第六，辅导员还应具备批判性思维和创新能力，能够对传统观念进行反思和修正，并能够灵活运用新的理论和方法。第七，辅导员还应具备良好的时间管理和自我管理能力，能够合理安排学习时间和工作任务，保证自我教育的有效进行。

6.4.5　提高辅导员的工作满意度

辅导员的工作满意度对其工作效果和职业发展具有重要影响。高校需要重视辅导员工作满意度问题，通过采取一系列措施，促进辅导员工作满意度的提升，进一步提高辅导员的工作效率和服务质量。

首先，注重辅导员职业发展和成长。辅导员在工作中面临的压力较大，需要得到职业发展机会和成长空间。高校可以加强辅导员培训，提供专业发展渠道和机制，促使辅导员不断提升自己的专业素养和能力。可以建立良好的晋升机制和健全的人力资源管理制度，包括岗位职责明确、工作评价和激励机制等，以激发辅导员的工作动力和积极性。还可以提供心理健康服务和压力释放机制，帮助辅导员更好地应对工作压力。其次，建立良好的团队合作机制。辅导员通常是以团队的形式开展工作，良好的团队合作对于提高工作满意度至关重要。高校应该建立良好的沟通渠道和协作机制，倡导多元化、开放和互助的工作文化，定期组织团队建设活动和培训，鼓励辅导员之间的合作和交流。通过定期的团队会议、学术交流等活动，促进辅导员之间的相互学习和交流，增强团队凝聚力和工作效能。另外，由于辅导员的工作往往需要与教务处、学生工作部门等其他部门密切配合，高校应加强与各部门之间的沟通和协调，建立良好的协作机制，共同为学生提供全面的支持和帮助。然后，提升辅导员的工作认同感和归属感。辅导员对高校的认同感和归属感对工作满意度具有重要影响。高校可以加强对辅导员的关怀和照顾，关注辅导员的个人需求和福利待遇，关注辅导员的身心健康需求，如提供适当的休假和休息安排，以减轻其工作压力，提升其对高校的归属感和认同感。还可以加强对辅导员工作的宣传和表彰，提高辅导员的社会地位和职业荣誉感，进而增强其工作满意度和幸福感。最后，改善辅导员的工作条件和环境。辅导员在工作中需要面对大量的学生问题和工作事务，工作负荷较大。高校可以提供适当的工作支持和资源保障，比如，提供辅导员所需的工作设备和资源，包括办公室、电脑、图书馆资料等，不仅能够提高辅导员的工作效率和工作满意度，也能够增强辅导员的专业能力和内聚力，为学生的发展提供更好的支持和指导。

6.5 新时代背景下高校辅导员工作方法的创新

6.5.1 互联网+谈心谈话

互联网+谈心谈话是新时代辅导员工作方法的一种重要探索和实践，对提升辅导员工作质量和效果具有积极意义。互联网+谈心谈话在适应大学生多元化和多样化思维方式的基础上，通过利用互联网和现代信息技术，为大学生提供一个随时随地、安全可靠的心理交流平台，帮助学生解决心理困扰，引导学生健康成长。

首先，互联网+谈心谈话为大学生提供了一个开放、匿名的交流平台。很多大学生在面对问题时不愿正面表达自己的心理困扰，互联网提供了一个相对匿名的环境，使他们更加自如地倾诉内心的痛苦与困扰，从而获得情感的宣泄和解决问题的启示。其次，互联网+谈心谈话还能够突破时间和空间的限制，与传统的谈心方法相比，更加便捷和灵活。然后，互联网+谈心谈话提供了一个集体与个体相结合的交流模式。在互联网谈心平台上，辅导员不仅可以与个别学生进行一对一的交流，也可以创建群组，邀请相关学生一起讨论和分享心理问题。这种集体与个体相结合的模式不仅有利于学生之间相互激励和分享，激发积极向上的情感和行为，提高学生的心理素质和发展水平，同时也能够更好地发现和了解学生群体的心理健康问题，有针对性地开展心理引导和干预。最后，互联网+谈心谈话提供了多样化的交流方式。除了文字交流外，互联网+谈心谈话还可以通过视频、语音等多种形式进行交流。这不仅丰富了交流内容的形式，也可以更好地捕捉到学生的情绪和表达方式，提高辅导员的辨识能力和帮助学生的效果。

6.5.2 实践体验

实践体验强调学生通过实践活动来获取知识和经验。辅导员可以组织或引导学生参与各种实践活动，例如社会实践、志愿者服务、创新创业实践等。通过这些实践活动，学生能够亲身参与到实际工作中，与社会接轨，增加实践经验和技能。

实践体验的核心思想是通过实践来促进学生全面发展。通过参与实践活动，学生能够锻炼自己的实践能力、创新能力和团队合作能力，全面提升自己的综合素质。与传统教育方法相比，实践体验更加注重学生的主体性和参与性，能够更好地激发学生的学习兴趣和积极性。实践体验还可以促进学生的自我认知和自我发展。通过实践活动，学生能够更好地认识自己的兴趣、优势和发展方向，进一步明确自己的职业目标和人生规划。辅导员可以通过与学生的交流和指导，帮助他们在实践中认识自己、发展自己，实现自身的成长和发展。

在运用实践体验方法时，辅导员需要注意一些关键点。首先，要根据学生的特点和需求，有针对性地设计实践活动，使其与学生的专业和兴趣相关，具有一定的挑战性和实践意义。其次，要注重对学生的引导和指导，帮助他们更好地理解和把握实践活动的目标和意义。辅导员还可以通过实践活动的反思和总结，帮助学生对自己的实践经验进行深入思考和总结，提升学生的反思能力和自我认知。

6.5.3　大数据分析

为了做好学生管理工作，高校已经构建了相应的网络系统平台，可以满足大学生日常生活学习需要，比如教务系统、学工系统、一卡通系统、图书借阅系统、课堂考勤系统、就业系统、门禁刷脸系统等。这些系统的应用不仅大大降低了辅导员的统计工作量，而且能够更好地服务学生成长成才。辅导员可以运用大数据分析法，分析学生在这些网络平台的数据信息，包括个人消费数据、学习数据和生活作息数据等，了解学生的个性特点和兴趣爱好，能有针对地提出个性化和过程化的教育方案。比如可以通过校园卡刷卡记录可以了解学生的消费水平及消费习惯，这对家庭经济困难学生认定有一定参考作用；可以通过门禁刷脸系统了解学生早出晚归的情况，掌握学生的动态。

第七章 新时代背景下高校辅导员工作方法的应用实证

7.1 案例选择的原因和依据

选择合适的案例，可以充分展示辅导员工作方式的特点。本研究主要是选择笔者在辅导员工作过程中处理成功的，且具有代表性、实用性和可研究性的案例。代表性体现在案例涵盖了不同内容和类型的辅导员工作，全面、客观地展现了辅导员的工作方式和方法，使得研究结果更具普适性和指导性。实用性体现在案例的成功经验可以为辅导员提供实际指导和借鉴。可研究性体现在案例能够为研究者提供较为充分的信息和数据，通过对这些案例的分析，可以更好地掌握辅导员工作方式和方法的特点，为研究结果的可靠性和准确性提供支持。

7.2 案例分析

案例1 与室友发生矛盾冲突的咨询案例

一、个案基本情况

1. 个案基本信息

小刘，女，18岁，某大学一年级学生。身体健康，无重大器质性疾病史，无手术史，无精神疾病史，无传染病史，无输血过敏史，无高热抽搐及外伤昏迷史，无心理咨询史，无不良嗜好。

2. 个人成长史

小刘是家中独女，父母均为国企员工，对孩子学习、生活等各方面要求严格。童年生长发育良好，6 岁半入学，备受家人宠爱，经济条件良好，小学、初中、高中全都在省重点中学上学，从小学习刻苦，学习成绩优异，年年获奖，是老师、朋友、家人心中的佼佼者。平时遵守校纪班规，严格要求自己，把学习优秀定为人生目标，但是不爱与人主动交流，没有知心朋友。经常感觉自己压力很大，感觉只要不学习就是浪费时间。

3. 精神状态观察

意识清醒，思维正常，语速平缓，表达清楚，在谈及室友时情绪较不稳定，说到激动处泪流满面。有自知力，言行一致，有一定的自制力，人格较稳定。这段时间情绪低落，心情烦躁，睡眠质量正常，食欲下降。

4. 他人反映

根据小刘的辅导员及班级心理委员反映，她比较内向、敏感，一点小事也能让她多想。平时和同学们的交流也比较少，但同学们并不是像她说的那样排挤她，相反，寝室的几位同学还很关心她，经常主动找她出去玩，帮她带吃的东西。

5. 心理测验结果

对其进行综合心理测评（SCL－90）：人际关系敏感因子 2.84，抑郁因子 2.15，焦虑 3.3，其余各因子均小于 2。

上述结果提示来访者有明显的焦虑、抑郁情绪，且以焦虑为主，人际交往敏感。

二、来访者主诉及个人陈述

1. 主诉

不愿与宿舍同学交往有两周时间了。

2. 个人陈述

我本来是一个很要强的女孩，无论在哪方面都要去争个第一，但进入大学后我发现自己表现得很不如意。竞选班委屡屡失利，学习压力也很大，对专业前景很是担忧，没有明确的职业生涯规划，很迷茫。我很爱学习，想抓住所有时间多学点东西，但是其他室友都比较贪玩，不爱学习，感觉和我的观念差距很大。平时回到寝室，舍友们原本都说说笑笑的，一见到我来就都不说话了，好像都在避着我一样。周末她们都去市里逛街、购物，也没有人叫我。两周前专业课老师让我们以宿舍为单位选做一个课题，以 PPT 的形式在课堂上向大家展示，寝室长分配完作业后，我感觉自己的任务最重，周末一直在寝室做 PPT，其他舍友都出去玩了，但是周日晚上我发现自己做不完了，也没有室友帮忙买晚饭，于是想让其他舍友帮我做一部分内容，但是没有人愿意，并且因此发生了纷争，气氛很是紧张。我总感觉"她们是故意针对我"，处处容不下我。真想回到以前的学校，那是一个很单纯的环境，人与人之间没有任何冲突。我现在做什么都没有兴趣，心里非常孤独、苦闷，不想回宿舍，很想退学重新复读高三，明年重新考一个大学，或许会有大的改变。

三、心理评估与诊断

1.咨询师初步评估（诊断）

来访者的问题属于一般心理问题。

2.诊断依据

（1）根据心理正常与心理异常三原则，来访者知道自己出现了心理问题，说明其有自知力，也没有出现幻觉、妄想等精神病症，认知、情感协调统一，人格稳定，可以排除来访者患有精神病的可能性。

（2）对照症状学标准，来访者出现了焦虑、抑郁等负性情绪；从其严重程度来看，来访者的情绪反应不太强烈，虽然不太愿意与人交往，也出现了退学的念头，但没有真的将想法付诸行动，说明其心理问题并没有对其社会功能造成严重影响，逻辑思维清晰无碍，表达流畅，没有出现对所指心理问题的相应回避和泛化情况；从其病程来看，来访者和室友之间发生冲突到来寻求心理咨询师的帮助有两周的时间。总的来说，来访者出现此心理问题时间较短，情况也不太严重，因此，可以排除严重心理问题和神经症心理问题。

3.引起个案心理问题的原因分析

（1）生理原因：没有明显的生理原因。

（2）社会原因：家庭经济状况良好，父母缺少对其大学生活适应与否的高度关注与指导；父母对其学习成绩要求严格；大学生来自不同地区，风俗习惯不同，性格各有差异，极易产生交往障碍；缺乏完善的社会支持系统，未受到老师、同学的理解和关注。

(3)心理原因：性格内向，争强好胜。

四、咨询方案的制定

1. 咨询目标

采用认知行为疗法，通过 4～5 次的咨询完成以下目标：①改善目前焦虑、抑郁状态，矫正其“她们是故意针对我”的自动思维；②帮助小刘找到处理人际关系的方法；③评估小刘退学的必要性；④帮助小刘学会使用认知行为疗法处理相似的情绪问题，促进其心理健康发展。

2. 咨询方案

(1)主要咨询方法与原理：认知行为疗法。认知行为疗法就是通过改变求助者关于自身的错误的思维方式和观念，教会求助者一些适应环境的技能，以帮助他们改善不良的情绪和行为，达到消除不良情绪和行为的短程的心理治疗方法。因此，治疗的着眼点是探寻并纠正导致不良行为和情绪的观念的认知过程。

本案例中小刘的心理问题主要表现在“室友是故意针对她”这个信念上，她在认知上产生了偏差，所以比较适合采用认知行为疗法。

(2)咨询时间：在咨询之前，依据心理咨询的相关规定，向来访者介绍了双方的责任、权利与义务，并商定每周咨询一次，时间是每周三晚上 7 点，每次咨询 1 小时。因为学校把对学生的心理咨询作为老师的日常工作任务，所以学生不需要支付费用。

五、咨询过程

1. 咨询关系

在咨询过程中，小刘对咨询师比较信任，自我讲述比较多，也比较配合。

2. 具体咨询过程

本案例咨询预计需要进行 5 次，主要包括 3 个阶段。

第一阶段：心理诊断阶段

此阶段为咨询的第 1～2 次，运用倾听、尊重、真诚、共情等技术建立良好的咨询关系，让来访者宣泄情绪，收集相关信息，确立咨询目标，初步诊断来访者心理冲突的原因及严重程度，制订心理咨询计划。在会谈中进行心理教育，让来访者了解触发情境、自动思维和自己的认知模式，使之明白目前我们如何感知和行动取决于我们如何感知和构建自己的经验，去挖掘自己表层的错误自动思维和假设规则及态度。通过这次咨询基本完成了本阶段的任务。

第二阶段：心理咨询阶段

在第一阶段咨询后，来访者的情绪好转，并认同咨询师的咨询方式和咨询方法，与咨询师建立了信任关系。此阶段为咨询的第3～4次，根据制定的心理咨询方案，本阶段了解来访者的自动思维和错误认知，帮助来访者寻找问题成因，改变焦虑、抑郁等负性情绪，增强学习和生活的信心。

来访者认为室友故意针对她，但是她很少和室友沟通她的感受和想法是否正确合理。通过咨询，来访者对自己的错误认知进行了纠正，认识到自己和宿舍同学在一起的时间太少，缺乏沟通，自己总是在生闷气。人际关系的培养和维护需要花时间和精力，彼此敞开心扉，多沟通，便能建立深厚的友谊。要求来访者体会自己现在的情绪。

布置作业：找个时间和宿舍室友交谈自己的想法，和室友一起审查自己的想法。

第三阶段：巩固与结束阶段

此阶段为咨询的第5次，反馈作业，来访者和室友交谈后心情很轻松，改变不合理认知后，焦虑、抑郁等负性情绪得到很大改善，感觉自己和宿舍同学的关系又进了一步，与同学有了正常的人际交往，自信心增强。

采用SCL－90对来访者进行心理测试复查，各因子分都下降到2分以下，咨询效果较好。并让来访者总结自己在整个咨询过程中的成长。咨询师肯定她的进步和在整个咨询过程中的积极配合，鼓励来访者用建设性信念代替挫败性信念，积极面对生活中的各种挑战。

心理咨询达到了预期的目标，帮助求助者解决了心理问题，通过这个阶段监督来访者把学到的东西应用于日常生活中，并结束心理咨询。

六、咨询效果评估

1. 来访者自我评估

咨询结束后一个月，小刘再次找到咨询师，反映“她们是故意针对我”这个自动思维转变很多。同时她也通过阅读人际交往方面的书籍，慢慢去练习交往技巧，试着站在对方的角度来看待问题，和室友关系大大缓和，也认为自己完全没有必要退学。

2. 咨询师评估

咨询师明显感觉到来访者的情绪比较稳定，心情比较愉快。在和小刘对话过程中，发现她思路比以前更清晰，表达也更流畅，负性情绪得到显著改善。

3. 他人评估

小刘身边的同学，尤其是室友反映小刘比以前性格开朗了很多，室友之间的沟通交流频繁，友谊与日俱增。

案例 2　焦虑抑郁情绪的咨询案例

一、个案信息

1. 个案基本信息

小王，女，19 岁，独生女，汉族，某大学二年级学生。身体健康，无重大器质性疾病史，无手术史，无精神疾病史，无传染病史，无输血过敏史，无高热抽搐及外伤昏迷史，无心理咨询史，无不良嗜好。

2. 主诉和个人自述

(1)主诉：焦虑不安，睡眠差，情绪低落，无法集中注意力，想学习但是效率低。

(2)个人自述：我是一个要强的女孩，对自己各方面要求都很高。初高中阶段，我获得了很多荣誉和奖励，但是进入大学后我对自己的表现很不满意，自信心也受到了打击。竞选学生干部失利、学习成绩不理想、对专业发展不了解等都让我感到非常迷茫、非常失落。我特别想通过自己的努力在各方面都做到优秀。特别是这学期 5 月份即将要考专业四级，我想考一个“优秀”等级来证明自己，但是感觉力不从心，越想学习，越焦虑，心情越低落。随着专业四级考试时间的临近，我越来越紧张、焦虑，还伴有失眠。我现在只要一上课就感觉很累，想远离教室、远离学习。对做什么事情都没有兴趣、没有信心，心里感到非常孤独、苦闷，我想退学回家休息，我担心自己的身体有严重问题。

3. 求助动机

想改善自己的睡眠状况，消除焦虑抑郁情绪，提高学习效率，增强自我认同感。

4.求助过程

班级心理委员发现小王上课经常犯困，注意力不集中，容易焦虑、烦躁，易哭泣，将此种现象反映给辅导员，辅导员引导其到心理健康教育中心进行心理咨询。

5.以往咨询经历及个案对此的评价

小王没有咨询经历。

6.主要家庭成员及关系

家庭主要成员有父亲、母亲、小王本人，家庭成员关系和谐。

父亲：49 岁，本科，国企员工。

母亲：48 岁，本科，国企员工。

7.成长经历

小王是独生子女，父母对她的学习、生活等方面要求都非常严格，期望她通过学习获得更好的前途。小王从小学习刻苦，学习成绩优异。但高考发挥失常，没考到理想中的学校和专业，伤心、气馁过一段时间。进入大学后，她积极适应大学环境，情绪有所好转，遵守校纪班规，严格要求自己，把学习优秀定为人生目标，但是她性格内向，不爱与同学主动交流，也没有业余爱好，经常感觉压力很大，主要来自学习。

8.对个案的初始印象

小王穿着整洁，行为举止大方，意识清醒，思维正常，语速较快，表达清楚，在谈及自己无法集中注意力学习、睡眠不好、担心身体有问题、想退学回家休息时泪流满面。她有自知力，有求助欲望，言行一致，有一定的自制力，人格稳定。

二、咨询信息

起止日期：2017 年 3 月 21 日—2017 年 5 月 9 日

会谈频率：每周 1 次

会谈次数：8 次

是否接受过督导：是

是否接受过药物治疗：否

三、个案概念化(含评估与工作诊断)

1.咨询师初步评估

评估小王存在严重心理问题,主要由焦虑、抑郁情绪引起。

2.评估依据

(1)根据心理正常与心理异常三原则,来访者主客观统一,知道自己出现了心理问题,说明其有自知力;没有出现幻觉、妄想等精神病症状;认知、情感协调统一,人格稳定,有求助欲望,可以排除来访者患有精神病的可能性。

(2)对照症状学标准,来访者出现了焦虑、抑郁等负性情绪;从其严重程度来看,来访者的情绪反应较强烈,心理痛苦程度较高,社会功能受到影响,不太愿意与人交往,出现了退学的念头,但没有真的将想法付诸行动;从其病程来看,来访者这种状态持续了3个月,因此,评估其存在严重心理问题。

(3)心理测量。为了能够准确了解来访者情况,经其同意,对其进行了以下几项心理测量,以确定心理问题的性质。

症状自评量表(SCL-90):总分164分、躯体化1.25分、强迫症状1.83分、人际关系敏感1.66分、抑郁2.78分、焦虑2.24分、敌对1.23分、恐怖1.28分、偏执1.27分、精神病性1.33分、其他1.52分。

抑郁自评量表(SDS):64分(标准分),中度抑郁。

焦虑自评量表(SAS):52分(标准分),轻度焦虑。

3.个案概念化模型

布莱克本等提出了关于抑郁咨询的案例概念化模式,建立了抑郁的压力特异质模型。压力特异质模型用来解释行为产生的原因,认为是遗传等先天因素和生活经历等后天因素共同作用导致了行为的产生。该模型从3个部分对抑郁来访者进行概念化。一是了解来访者先天因素;二是根据认知行为疗法理论基础,觉察来访者最基本的想法和核心信念;三是了解来访者抑郁的具体表现。通过分析,构建小王的案例概念化模型,如图7-1所示。

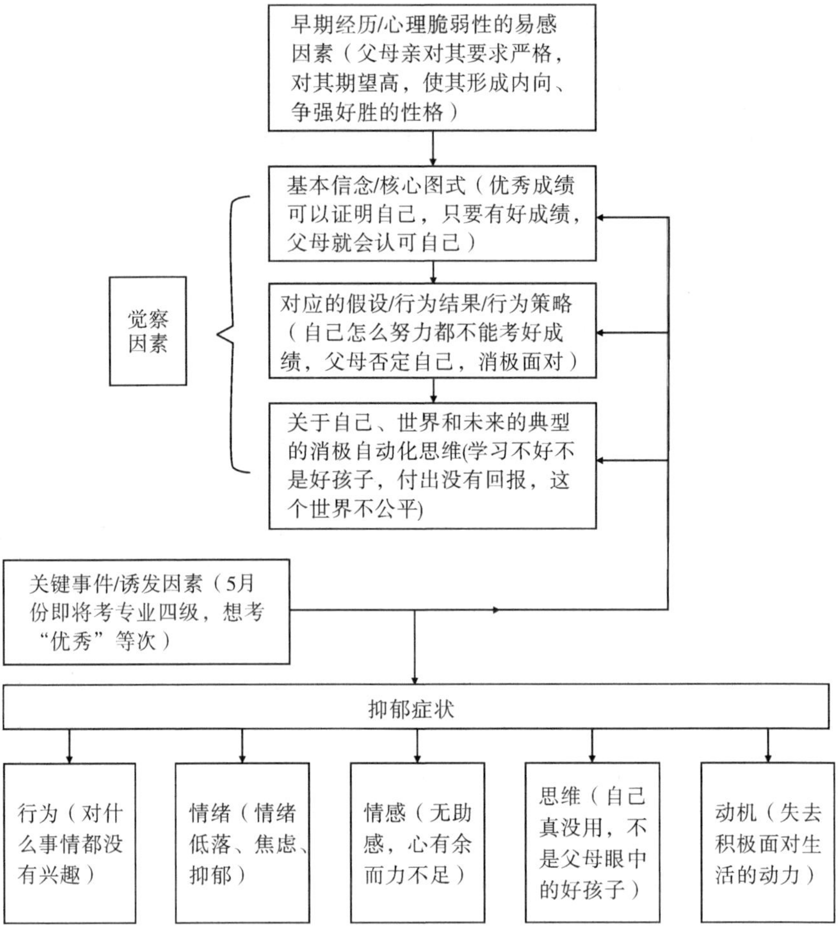

图 7－1　小王案例概念化模型

四、咨询方案

1. 咨询方法与技术

（1）认知行为疗法：通过改变求助者关于自身的错误的思维方式和观念，并教会求助者一些适应环境的技能，以帮助他们改善不良的情绪和行为，达到消除不良情绪和行为的心理治疗方法。因此，咨询的着眼点是探寻并纠正导致不良行为和情绪观念的认知过程。

（2）宣泄疗法：引导来访者将内心的不良情绪宣泄出来，可以是哭泣、诉说，也可以是运动锻炼身体、歌唱、写文章等。

（3）放松训练：教来访者做放松训练，包括想象放松法和呼吸放松法，每天晚上一次，每次约40分钟。

2.咨询目标

通过与小王商量，确定目标如下：①将健康放在第一位，学习第二位；②降低学习目标，将专业四级考试期望的“优秀”等级改为“合格”等级；③缓解焦虑、紧张、抑郁情绪，改善睡眠质量；④评估小王退学的必要性；⑤帮助小王学会使用认知行为疗法、宣泄疗法和放松训练处理相似的情绪问题，促进其心理健康发展，达到人格完善。

3.咨询次数、注意事项等

在咨询之前，依据心理咨询的相关规定，向来访者介绍了双方的责任、权利与义务，强调了保密原则与保密例外原则，并商定每周咨询1次，共咨询8次，每次咨询1小时。学校心理健康教育中心心理咨询免费。

五、咨询过程

1.咨询进程

第一阶段：心理评估阶段

此阶段为咨询的第1～2次，运用摄入性会谈，收集来访者的一般资料。运用积极关注、尊重、真诚、共情等态度建立良好的咨询关系，让来访者宣泄情绪，确立咨询目标，初步诊断来访者心理冲突的原因及严重程度，制订心理咨询计划。来访者自我暴露较多，咨询关系良好。

第二阶段：心理咨询阶段

此阶段为咨询的第3～6次，向来访者介绍了布莱克本等提出的抑郁压力特异质模型，构建来访者的案例概念化模型。由于个案概念化是在咨询过程中不断形成的对来访者困扰原因的假设，不是一次完成的，因此在后面的咨询中会根据情况随时对模型进行调整和改进。

在咨询中让来访者了解自动思维和自己的认知模式，使其明白目前我们如何感知和行动取决于我们如何感知和构建自己的经验，如何去挖掘自己的不合理认知、假设规则和态度。使用认知行为疗法帮助来访者觉察导致自己焦虑抑郁情绪的基本信念和想法，比如，优秀的成绩可以向父母证明自己的能力，可以得到父母的认可；但高考失败和上大学后竞选干部失败，父母可能会否定自己。这种信念和想法使来访者形成“这世界太不公平，自己通过努力也不能取得好成绩，自己一无是处，父母肯定会认为我不是好孩子”的消极想法。

根据来访者的抑郁症状，帮助来访者形成问题清单，使其清楚知道自己的问题，以便更加积极配合咨询。比如，来访者的问题主要有情绪低落，难以正确看待学习成绩，缺乏合理的学习目标，消极情绪表达，自信心不足等。

帮助来访者增强自我认同感，增强自信心，发掘来访者身上积极的品质，如善良、坚强、善解人意等。帮助来访者认识自身的价值，如“你在父母心中是独一无二的，是最好的，无可替代的宝贝”，帮助来访者认识生命的意义，如“热爱生命，用有限的生命创造出无限的价值”。

教给来访者一些宣泄情绪的方法，即宣泄疗法，如运动、写文章、阅读、唱歌、听音乐、倾诉、瑜伽等，引导来访者选择适合自己且感兴趣的项目，在情绪不佳时进行宣泄。放松训练，教来访者在轻音乐背景下开展想象，同时教其呼吸放松法，并以家庭作业的形式布置给来访者，每天晚上进行 40 分钟左右的放松训练，缓解紧张焦虑感，强化自信。

第三阶段：巩固与结束阶段

此阶段为咨询的第 7～8 次，反馈作业，来访者焦虑、抑郁等负性情绪得到很大改善，睡眠变好了，自信心增强了，学习效率提高了。同时，引导来访者总结自己在整个咨询过程中的成长。咨询师肯定她的进步和在整个咨询过程中的积极配合，鼓励来访者用建设性信念代替挫败性信念，积极面对生活中的各种挑战。心理咨询达到了预期的目标，帮助求助者解决了心理问题，通过这个阶段监督来访者把学到的东西应用于日常生活中，并结束心理咨询。

2. 接受督导的简要情况

整个咨询过程中接受过 2 次督导，主要就来访者的评估结果和案例概念化模型进行了探讨和协商。

六、咨询效果评估

1. 量表评分

采用 SCL－90 对来访者进行心理测试，各因子分都低于 2 分。SDS 为 42 分，SAS 为 38 分，均属于正常范围，咨询效果较好。

2. 来访者自我评估

咨询结束后 2 个月，小王再次找到咨询师，说自己专业四级的考试通过了，虽然没能考到“优秀”，但是合格她也很满意。自己的睡眠质量提高了，焦虑抑郁的情绪也少了，认为自己完全没有必要退学。

3.咨询师评估

咨询师明显感觉来访者的情绪比较稳定,心情比较愉快。在和小王对话过程中,咨询师发现她思路比以前更清晰,表达也更流畅,负性情绪得到显著改善。评估小王不用退学。

4.他人评估

小王身边的同学反映小王的性格比以前开朗了很多,室友反映小王睡眠质量提高了,负性情绪减少了。

七、案例评价及反思

1.对咨询目标的思考与分析

咨询目标合理。咨询师经过评估,确定了将来访者健康放在第一位、学习放在第二位,降低学习目标,缓解焦虑、抑郁情绪,这些目标符合来访者的实际需求。

2.对咨询过程的评价与反思

咨询过程中运用了摄入性会谈,积极关注、共情、尊重、真诚等技术,与来访者建立了良好的咨询关系。紧接着运用布莱克本等提出的压力特异质模型和认知行为疗法帮助来访者形成正确的自我意识和自我评价,增强自我同一性。通过宣泄疗法和放松训练,缓解来访者焦虑抑郁情绪,通过留家庭作业的方式引导来访者巩固咨询结果。整个咨询过程比较顺利,效果比较突出。

自我反思如果在咨询中产生了某个或某些新的自我觉察,请简要介绍与分析自己如何获得这些自我觉察。

(1)来访者说她对自己的学习有很高的要求和目标,不能达到时会产生焦虑、抑郁情绪,我反思:我也是一个要强、在工作和学习上有高目标的人,当不能达到自己的目标时,我也会紧张、焦虑。通过自我觉察,我认为是我没能客观地审视自己,没有完全了解自己,在以后的学习工作中要给自己制定合适的目标。

(2)来访者说她想通过学习成绩向父母和其他人证明自己的能力,我反思:我也希望通过自己努力工作,不断学习新知识,不断在工作上取得新突破,从而得到领导和同事的认可。当没有取得令人满意的成绩时,我也会失落,产生消极情绪。我会通过阅读、运动等形式来进行放松训练,缓解紧张焦虑情绪,并不断进行积极自我暗示,培养自己的积极心理。

案例3　缓解就业焦虑情绪的案例

“一带一路”倡议对我国经济发展具有重要意义，对周围国家的经济发展也有推动作用。非通用语种人才是我国与“一带一路”共建国家互联互通的枢纽，是我国实施“一带一路”倡议的重要人才力量，也是我国紧缺的人才，他们的心理健康状况直接关系到我国“一带一路”倡议的实施与发展。因此，培养身心健康的非通用语种人才是我国实施“一带一路”倡议的迫切需求。在大学生的日常思想政治教育中，辅导员结合学生的实际工作案例，运用相关理论知识对学生所面临的心理问题进行深入全面的剖析与解决，更有助于学生提升心理健康水平。

一、案例简介

小可，男，大四学生，非通用语种专业，家庭经济较为困难。家里有奶奶、爸爸、妈妈和弟弟。爸爸是矿工，其收入是家里唯一的经济来源，爸爸患有慢性病，需长期服药。妈妈是家庭主妇，在家照顾4岁弟弟和高龄奶奶，妈妈身体也不好，需要长期服药，日常开销大。

小可是家里唯一的大学生，家人对他抱有很高的期望。小可性格内向，不善言辞，也希望自己学有所成，帮助家人改善生活条件。从大一开始小可便刻苦学习，是同年级同专业男生中学习成绩较好的，小可也给自己确定了求职目标：找一份跟本专业相关且可以外派的工作，因为外派工资待遇较国内高。也正是这种“刻苦学习，努力奋斗，找到好工作，提高家人生活水平”的想法一直激励着小可，但随着毕业季的到来，小可的心理压力与日俱增，也曾尝试应聘一些工作岗位或实习岗位，但都以失败告终，看着周围同学都陆陆续续找到工作，小可越来越焦虑，已经影响到自己的正常休息和学习。

二、问题关键点

根据马克思主义哲学的“矛盾的普遍性和特殊性”基本原理，即认识事物矛盾的特殊性，要具体问题具体分析。对小可同学的问题要有针对性地解决，就要深入了解其特殊性，抓住矛盾的主要方面。通过对小可同学目前已经存在问题的分析，我认为主要矛盾是因为求职而产生的焦虑情绪，这种焦虑情绪已经影响到正常的学习和生活，因此，首先帮助其缓解焦虑情绪，其次帮助其客观全面认识自己，悦纳自我，提升自我效能感，重新树立自信心，最后帮助其提升就业能力。这三个方面的措施相辅相成，共同帮助小可同学缓解焦虑情绪，顺利就业。

三、案例分析处理

1.运用心理咨询方法与技术，缓解焦虑情绪

具有相应职业资格认证的老师、学校心理健康教育中心心理咨询师或者有一定心理咨询经验和心理学知识的老师，可以在与学生交谈的过程中，运用摄入性会谈，积极关注、共情、尊重、真诚等技术，与学生建立更加良好的咨询关系和师生关系。

针对小可同学的焦虑情绪，可以采取宣泄疗法和放松训练等方式，帮助其缓解焦虑情绪。宣泄疗法是引导来访者将内心的不良情绪宣泄出来，可以是哭泣、诉说，也可以是运动、歌唱、写文章等。根据小可的描述，他更愿意采用运动的方式来宣泄自己的情绪。

建议：当发现自己情绪焦虑或者失落时，可以在操场跑步锻炼，以便宣泄自己的负面情绪。同时，将放松训练的音乐和指导语发给学生，引导学生根据语音提示做放松训练，每天晚上一次，每次约 15 分钟。

与此同时，及时联系学生父母，告知其学生在学校的实际情况，希望得到家长的配合，因为学生就业焦虑情绪和家长较高的就业期望有很大的关系，建议家长以理性平和的心态看待子女就业。只要孩子努力付出了，就值得肯定，要在精神上给予孩子支持。同时希望父母能够多和孩子沟通交流，注意关心孩子的方式，不要过多强调找到工作改善生活条件的事情，以免再次增加学生心理压力。

2.采用 SWOT 分析法，帮助了解自我，悦纳自我

引导学生运用 SWOT 分析法分析自己的优势（Strengths）、劣势（Weakness）、拥有的机遇（Opportunity）、面对的挑战（Threats），旨在让他通过此方法找到树立信心的突破口。学生的 SWOT 分析内容如图 7－2 所示，学生能够清晰认识自己的优势为专业能力强、踏实认真；劣势为受性格影响的不善于言辞、自卑；面临的机遇为“一带一路”共建对非通用语种人才需求量大；面临的挑战为受中美贸易战影响导致严峻的就业形势。引导学生正确认识自己的优势与劣势、机遇与挑战及四者之间的关系。同时肯定学生敢于自我认识的勇气，肯定他的优势。在接下来的工作中，帮助学生恢复自信心，提高求职能力。

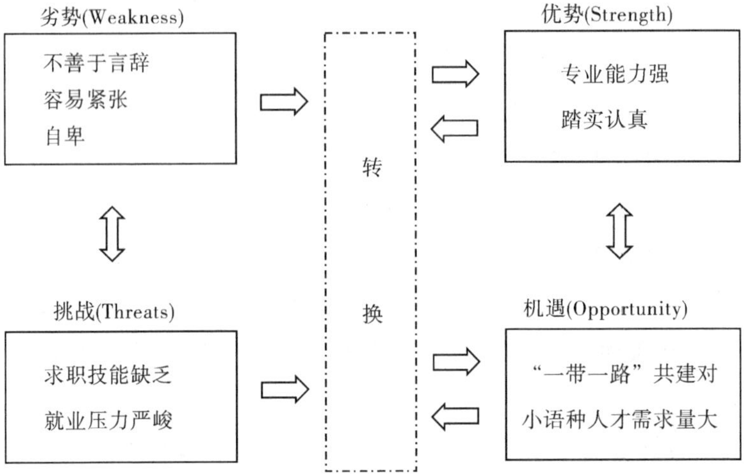

图 7-2　SWOT 分析图

3.提高自我效能感

自我效能感是美国心理学家班杜拉于 1977 年首次提出的，指人们对自身能否利用所拥有的技能去完成某项工作行为的自信程度。给学生设立比较容易完成的任务和目标，如搜索 3 条就业信息、口译一段专业文字等，让学生在不断成功中提升自我效能感。同时，引导学生回忆自己成功的经历，如考入大学、竞选成为班委等，分析成功的原因；分析自己前几次求职失败的原因，总结经验，在进行归因过程中提高自我效能感。

4.“一对一”就业技能培训，提高就业能力

借助“吉讯大学生职业测评与规划系统”平台的“自我了解”功能，帮助学生了解自己的职业兴趣、职业性格、职业技能、价值观等，结合学生的求职目标，分析适合学生的单位和岗位。同时，向学生分析近几年的专业就业形势，非通用语种专业的男生就业存在一定优势；就业信息搜集渠道主要是利用互联网和校招平台；最后根据学生的求职目标，帮助学生修改了 5 遍简历，演练了 2 次结构化面试，安排 6 名学生干部与其共同练习了 3 场非结构化面试。辅导员可以根据学生的具体情况和特征，合理调整就业技能指导的内容与方式。

四、案例思考和工作建议

辅导员在从事大学生日常思想政治教育过程中，要深入贯彻落实全国高校思想政治工作会议精神，关心关爱学生，努力走进学生心中，与学生建立深厚的

友谊。同时也要因事而化、因时而进、因势而新，遵循思想政治工作规律，遵循学生成长规律，不断提高工作能力和水平。每位学生因为从小到大生活的家庭背景、社会文化环境不同，每位学生的个性特征也存在差异，因此同学们面临的困扰有其共性的问题，也有其特殊性问题，需要辅导员在分析研究后有针对性地解决。这个案例给我们带来如下的思考。

1. 要加强理论学习，注重实践与理论结合

辅导员要深入学生、了解学生、理解学生，特别是了解学生的原生家庭，包括家庭环境、父母亲关系、父母亲对孩子的要求与期望等，因为恰当分析学生家庭和学生本人心理是有针对性地解决问题的前提。这也对辅导员提出了更高的要求：辅导员要加强思想政治教育学、教育学、心理学、管理学等与学生工作相关理论的学习，以便更加深入分析学生案例，而不仅仅停留在问题的表面。同时，辅导员在大学生日常管理教育中要注重人文关怀，注重培养学生理性平和的心态，学会将理论知识运用于实际教育管理活动中，通过团体辅导、谈心谈话、主题班会等形式解决大学生的实际问题，促进学生身心健康发展。

2. 把握学生就业问题的规律性，针对性提升心理健康水平

(1)制定“一生一策”方案。辅导员通过进班级、进宿舍、进食堂、进网络等途径，从任课教师、党员干部、学生干部、舍友同学等不同角度收集、汇总学生信息，并引导班级心理委员和宿舍心理信息员时刻关注学生的心理状态，以便及时掌握学生各方面信息，对其分类管理，为每个学生制定符合其自身情况的帮扶方案。

(2)引导学生尽早进行职业生涯规划。辅导员可以借助学校的“吉讯大学生职业测评与规划系统”、职业生涯规划讲座、主题班会等，引导各年级学生逐步建立自己的学业规划和职业规划，并提醒学生要根据自身能力和环境的改变而不断调整自己的规划，做到心中有数。

(3)建立并完善就业技能培训体系。引导低年级学生积极参加学校学院组织的各项社会实践活动，引导高年级学生利用寒暑假时间到企业、政府部门实习，通过这些实践活动帮助学生了解社会、服务社会，提高自身竞争力。同时，学校可开设就业技能培训课程，给大三年级的学生讲授关于简历制作、结构化面试和非结构化面试、面试礼仪等方面的知识，开展相关的模拟求职大赛，为学生提供实际演练的机会，使其了解自身特点，增强就业能力，达到增强自信心、缓解压力的效果。

3.构建学校一家庭一社会联合帮扶体系

从系统论的角度来看，系统论中所存在的所有子系统之间必然存在一定的关联，它们相互统一，并且呈现着对立的关系，这些组成了系统发展和变化的根本规律。因此可以认为学校教育是可以通过学校、家庭、社会等多方面作用来实现的。针对高校学生心理健康教育，可以从学校、家庭和社会入手，建立三者联合体系来帮助学生提高心理健康水平。学校层面可以通过开展心理健康教育课程、丰富多彩的文化活动促进学生心灵成长，家庭层面可以通过营造良好的家庭氛围、和谐的家庭关系等让学生感受到家庭的温馨与爱，社会层面可以给学生营造良好的社会文化环境，提供方式多样的社会实践平台，引领学生积极面对生活，积极向着心中的目标前进。

五、总结

在思想政治教育视角下通过多种途径提高非通用语种学生的心理健康水平，对学生的身心健康发展具有至关重要的作用。在辅导员的实际工作中，需要理论与实践结合，根据学生特点及学生所面临的主要问题进行针对性分析与研究，不断探索与完善提升学生心理健康水平的措施与途径。

案例4　重度抑郁症学生的心理危机干预的案例

一、案例简介

小王，男，22岁，大四毕业生，年幼时父母离异，学生自述父母离异对自己的情感伤害较大，父子关系紧张、母子关系较好。小王大四上学期时经医院诊断患有重度抑郁症，一直在服药。长期与1名身患抑郁症的网友保持联系，临近毕业的一天，小王给这名网友发消息表达轻生的想法，网友随即联系学校所在地派出所。派出所联系学校保卫处后，保卫处联系到学院。

二、案例本质

该案例属于大学生危机事件应对范畴。

三、解决思路和实施办法

1.解决思路

首先，确保学生安全。辅导员第一时间赶赴现场，了解情况，快速干预，研判形势，稳定情绪，及时汇报，联系家长，确保学生处于安全的环境内。其次，持续跟进，掌握学生心理状态的变化，加强生命安全教育。

2.实施办法

(1)接到保卫处信息后，辅导员第一时间联系学生本人，确定学生在宿舍后，第一时间赶赴学生宿舍。在赶赴宿舍途中联系既是学生骨干也是其舍友的学生关注小王动态，同时将掌握的情况向主管领导汇报。到达宿舍后，辅导员通过谈心谈话，初步评估学生心理危机风险性，认为学生有较强自杀风险性。交流期间，学生不愿意让家长知道自己目前的状况，强烈反对让家长来校。在多次沟通交流，征得学生同意后，辅导员立即联系家长，告知家长学生目前的情况，要求家长尽快来校。

(2)立即启动危机事件应急响应预案，对学生进行心理疏导、24 小时监控学生安全，通过学生骨干、舍友、好朋友等多途径了解学生近期思想和心理状况。

(3)联系心理健康教育与咨询中心咨询师，对学生心理状况进行评估与疏导。根据咨询师建议，转介至西安市精神卫生中心进行治疗。

(4)由于学生父母均在外地，且心理健康教育相关知识了解有限，学生父母存在不合理认知“学生只是情绪问题，不存在心理疾病”。在等待父母来校的过程中，辅导员将学生日常表现、网友反馈情况、重度抑郁症、自杀风险性等相关内容和知识传达给学生父母，引导学生父母正确认识心理疾病，积极配合学校工作，带学生及时治疗。

(5)在等待学生父母来校过程中，辅导员和学生骨干、舍友等 24 小时全程陪护，满足学生看电影、吃火锅的愿望，确保学生情绪稳定，处于安全的环境内。学生父母到达医院后，在医生建议且监护人同意的情况下，办理了住院治疗手续。

(6)住院治疗期间，辅导员经常与医院、父母电话沟通了解学生治疗和心理状态的情况，也经常与学生本人交流，询问其治疗恢复情况，鼓励学生坚定信心，同时对学生进行生命安全教育等。

四、案例经验与启示

1.全方位加强心理健康教育工作

通过课堂主渠道加大心理知识宣传，以满足学生的知识需求。坚持做好每学期的心理健康状况普测，建立重点关注学生和心理危机学生台账，定期与学生谈心谈话，定期走访学生宿舍。建立心理危机干预机制，完善信息跟踪反馈机制，发挥宿舍信息员和心理委员的朋辈力量，定期汇报学生状态。

2. 构建家校联动机制

危机发生后要第一时间联系家长，告知其学生情况，并要求家长积极配合学校工作，必要时也要向家长普及心理健康教育知识。家长对学生的支持、关心与关爱特别重要，特别是有心理问题的学生在治疗期间，家长的配合对学生的痊愈起到不可替代的作用。

3. 辅导员要掌握心理危机的识别方法与技术

心理危机是当个体面临突然或重大生活境遇时所出现的心理失衡状态，辅导员要学会从学生基本信息摸排中、学生面临的困难情境中及学生日常行为表现中识别危机信号，熟练运用 QPR 技术（提问、说服、转介）进行紧急危机干预，确保第一时间发现危机、解决危机。

4. 辅导员要学会举一反三、防微杜渐

辅导员要加强危机事件方面的学习研究，提升危机处理能力。同时，要不断落实走访宿舍、谈心谈话、主题班会等制度，通过培训提升宿舍信息员等学生干部的信息反馈能力和突发事件应对能力。

案例5 学生拍摄并发布低俗内容网络短视频的案例

一、案例简介

辅导员对学生的认识与了解是解决学生问题的基础：A 同学，情绪易激惹，易哭泣，思想认识偏激，家庭亲子关系一般，是心理问题一般关注学生，有“别人总是针对自己”“自己命好苦”的认知偏差。因此，在处理 A 同学 这个案例时我会同时多关注其情绪和心理状况。

案例详情：2021 年 12 月，A 同学在宿舍拍摄了一些内容低俗的短视频（模仿网红拍摄虚假摆拍、行为挑逗、扮丑、搞笑等）并发布在抖音平台，引起了校园学生的关注，有了一定的关注量，部分学生将其投诉到学校。在接到学工部的通知后，我第一时间找 A 同学了解情况。考虑其心理状况，为了营造轻松的谈心谈话氛围，我与 A 同学约在学生食堂见面，请其吃饭，一边吃饭，一边谈心谈话。在第一次谈心谈话后，A 同学愿意主动删除短视频，将负面影响降到最低。

之后经过3次谈心谈话、1次志愿活动、1次实践活动、1次主题班会，A同学对网络短视频有了全面的认识，思想价值观念也有所改变，能将自己拍摄短视频的技能运用于其他工作中，弘扬了正能量，提升了自信心，起到了示范引领作用。

二、案例分析

短视频在大学生群体中风靡盛行，但由于网络短视频内容良莠不齐，而大学生正处于世界观、人生观、价值观形成的重要时期，同时也缺乏辨别能力，其认识问题、知识储备、人生阅历等容易产生认知偏差，容易受到不良短视频的影响。我们作为思政教育工作者，不应该站在网络短视频的对立面，而应该让其“为我所用”，即提炼思想政治工作元素，对学生进行有效教育和引导。因此，该案例可定性为网络思想政治教育中的网络行为引导与价值引领问题。

三、问题关键点

该案例从表面上看矛盾集中于学生拍摄并发布内容低俗短视频的错误行为，但从根本上隐藏着学生网络文明素养和思想价值观念的问题。需要采取教育和管理相结合，解决思想问题和实际问题相结合的方式提升学生的网络文明素养，转变其思想价值观念。

四、解决思路和实施办法

1.解决思路

针对这一案例，解决思路是把握矛盾发展阶段轻重缓急的各种要素，用好快慢思维。首先用好快思维，解决紧要问题。一是先解决A同学在抖音平台发布内容低俗短视频的问题，注重情法理融合，及时沟通，中止行为偏差，减轻负面影响。二是引导A同学正确使用网络，提升网络文明素养，弘扬正能量。其次用好慢思维，面向长远。要解决思想价值观念问题，要把握从长从远原则，挖掘并用好思政教育元素，提升学生辨析能力，做好学生整体层面的思想价值引领。

2.实施办法

(1)关注学生情绪，引导认识错误，中止偏差行为。我选择氛围较为轻松的学生食堂，通过面对面交谈的方式，在照顾A同学情绪和心理状况的同时，运用谈心谈话技巧(尊重、倾听、共情等)逐步切入谈话主题，了解A同学对此次拍摄发布短视频的看法与认识(A同学反馈仅仅只是出于兴趣爱好，还未意识到自己行为的错误)。同时,从法律法规、校纪校规、道德素养、网络规范、学生身份、事件危害等方面对A同学进行批评教育,要求其立即删除相关视频。同时,教育引导A同学提高自身网络文明素养,提高自身的社会责任意识,严格规范自己发布的内容,坚持正确的价值观,传播正能量,为维护我国网络环境贡献自己的一分力量。

(2)学会转换思路,发挥学生特长,树立学生自信心。短视频是移动互联网时代的产物,它因操作简单、内容多样、用时碎片化等特点深受大学生群体的喜爱。我们可以转换思路,创新工作方式方法,利用短视频这个平台对大学生进行思想政治教育,让思想政治教育途径不仅仅局限于传统的途径,而是顺应时代的发展,推动网络思想政治教育体系的完善与构建。"抖音网红"有其影响力,我们可以引导他们拍摄一些弘扬社会主义核心价值观、传播网络正能量的作品,发挥网络引导的作用。在谈话中,我肯定了A同学拍摄短视频的技能,鼓励其在不影响学习的前提下,利用好重大事件、节日节点,制作展现青年精神风貌、弘扬爱国主义精神的优秀网络文化作品。

(3)挖掘思政元素,由点及面,加强宣传教育引导。辅导员的工作具有延续性,在解决好学生当前问题的基础上,要从长远考虑,由点及面,全方位做好学生思想政治教育工作。以活动为载体,寓思政于活动中,比如短视频制作大赛等;也可以运用网络教育载体,融入爱国主义教育、网络文明素养、社会主义核心价值观等元素,开展思想政治教育。我要求A同学所在班级召开关于"提升网络文明素养"的主题班会,其中一个环节设置为A同学交流发言,与大家分享对网络短视频的认识,如何提升辨析能力,避免受到不良短视频所呈现的消极价值观的影响等内容,对班级同学的网络行为与思想价值观念引导有一定促进作用。

五、案例经验与启示

1.与时俱进,主动占领网络思想政治教育主阵地

学生在哪里,辅导员就要在哪里。在互联网快速发展的今天,学生们活跃于各种互联网平台:抖音、微博、微信、小红书等,辅导员也要与时俱进,及时接受新事物,学会运用网络新媒体技术,主动占领网络思想政治教育主阵地。在实际工作中,将网络新媒体技术与传统思想政治工作融合起来,通过网络加强与学生的沟通联系,实现"线上线下思想政治教育"全覆盖,全面掌握学生思想动态。

2.理论武装头脑，强化高校思政教育话语权

辅导员要坚持教育者先受教育，只有理论知识扎实入脑入心，这样才能在学生的思想价值观念出现偏颇时给予正确有效的引导，才能做好学生的思想工作。特别是当一些不良价值观短视频侵袭学生三观时，高校思想政治教育能发挥话语主动权，给学生传递正确的价值观念。

3.多措并举，做好网络行为引导和价值观念引领

辅导员可以通过党支部党课学习、团支部理论学习、形势与政策报告会、朋辈分享会、文体活动、评优评先等方式加强教育引导，提升学生的网络文明素养，不断提高学生的思想水平、政治觉悟、道德品质和文化素养。

案例6　学生在学校开展宗教活动的案例

一、案例简介

小刘，女，大二学生，受家庭成员影响，加之近期情感受挫，遂对基督教产生兴趣，希望能解决自己的现实问题。周末小刘偶尔会前往基督教堂做礼拜，且有一次在课间向同学们散播基督教教义，被同学们反映给了辅导员。

二、案例本质

由于受家庭成员和个人情感经历的影响，学生消极情绪没有得到及时宣泄，思想认识发生了变化，遂对基督教产生了兴趣，但还未到达信仰宗教的程度。做礼拜、向同学们散播基督教教义，已经影响到了其他同学。因此，该案例的本质是：对宗教感兴趣学生的教育与管理问题，属于思想理论教育和价值引导范畴。

三、解决思路和实施办法

1.解决思路

依据管理和教育引导相结合、解决思想问题和解决实际问题相结合的原则。

(1)制止学生这种行为，同时告知学生国家法律严禁学生在校期间参加任何形式的宗教活动。《中华人民共和国教育法》第8条规定：“教育活动必须符

合国家和社会公共利益。国家实行教育与宗教相分离。任何组织和个人不得利用宗教进行妨碍国家教育制度的活动。”第 29 条第 8 款规定：“拒绝任何组织和个人对教育教学活动的非法干涉。”《普通高等学校学生管理规定》第 43 条规定：“学校应当坚持教育与宗教相分离原则。任何组织和个人不得在学校进行宗教活动。”

（2）发挥高校思想政治工作队伍的协同力量，加强理想信念教育，培育社会主义核心价值观。

2.实施办法

（1）及时制止学生的做法，引导学生认识自己的错误，对学生开展批评教育。向学生讲清楚国家法律法规、校纪校规的要求，引导学生知法懂法守法。与家长及时沟通，宣传宗教政策，在尊重家长的前提下，取得家长的理解和支持，规范学生行为。

（2）关注学生现实问题和心理状况。通过谈心谈话了解学生对宗教感兴趣的详细经过，包括家庭成员信教情况、自身成长经历、思想认识等。同时，对情感受挫问题进行心理辅导，帮助学生解决现实问题。

（3）及时与课间听到基督教教义的同学们谈心谈话，掌握这部分学生的思想动态，通过谈心谈话、主题班会等对学生加以引导。

（4）发挥高校思想政治工作队伍的协同力量，通过专家学者讲座、思政课教师授课、推送权威网络文章等方式加强学生理想信念教育，广泛宣传和学习马克思主义的辩证唯物主义和历史唯物主义的基本原理和观点。同时，通过开展丰富多彩的校园文化活动、志愿服务活动、社会实践活动等，培育社会主义核心价值观，弘扬爱国主义精神。

（5）坚持以人为本的工作理念，调动学生自我教育、自我管理、自我服务的积极性，完善信息反馈渠道，及时关注和解决学生遇到的各种问题。关注学生心理健康状况，加强大学生心理健康教育，有针对性地开展团体心理辅导、心理健康教育讲座和心理健康教育类活动，帮助大学生树立心理健康意识，优化心理品质，增强心理调适能力和社会生活适应能力。

（6）发挥党员干部、班干部、宿舍信息员的桥梁纽带作用，进一步落实辅导员谈心谈话制度、辅导员进宿舍制度，持续关注学生的思想动态。

四、案例经验与启示

1. 辅导员要加强法律法规学习

辅导员要学习并掌握国家法律法规和政策，做到懂法知法，处理学生事务就会事半功倍。宗教问题比较复杂，需要谨慎处理，需要学会判断是感兴趣，还是信仰宗教。宗教与教育相分离，一定要牢牢把握党的宗教政策和社会主义大学的育人目标，引导大学生牢固树立共产主义远大理想。

2. 辅导员要做好意识形态工作

意识形态工作是党的一项极端重要的工作，辅导员要时刻密切关注学生的思想动态，扎实做好宗教政策宣讲和意识形态调研谈话等工作；对于宗教信仰存在模糊认识的学生，要不断加强教育引导，定期、经常性谈话，建立一对一帮扶台账。以树立坚定理想信念为主旋律，以培育和践行社会主义核心价值观的有效方法为手段，上好"形势与政策"课程，培养学生人文素养和科学精神，加深对中华优秀传统文化的认同，树立正确的世界观、人生观、价值观。

3. 进一步深化落实日常思想政治教育

通过谈心谈话、主题班会、走访宿舍、主题活动、问卷调查等方式，全面了解学生思想动态和心理状态。将解决思想问题和解决实际问题结合起来，及时发现学生在学习、择业、情绪情感、交友等方面的风险隐患，第一时间解决学生面临的实际困难和问题，化解风险隐患。

案例 7　大学生心理健康教育案例

党和国家把高校思想政治工作放在战略位置加以重视，辅导员在高校思想政治工作领域和学生的健康成长中肩负着神圣使命。"思想政治工作从根本上说是做人的工作，必须围绕学生、关照学生、服务学生，不断提高学生思想水平、政治觉悟、道德品质、文化素养，让学生成为德才兼备、全面发展的人才。""做好高校思想政治工作，要因事而化、因时而进、因势而新。要遵循思想政治工作规律，遵循教书育人规律，遵循学生成长规律，不断提高工作能力和水平。"《普通高等学校辅导员队伍建设规定》（中华人民共和国教育部令第 43 号）第 2 条明确规定："辅导员是开展大学生思想政治教育的骨干力量，是高等学校学生日常思想政治教育和管理工作的组织者、实施者、指导者。辅导员应当努力成为学生成长成才的人生导师和健康生活的知心朋友。”辅导员的主要工作职责之一是心理健康教育与咨询工作。

《高等学校学生心理健康教育指导纲要》指出：“心理健康教育是提高大学生心理素质、促进其身心健康和谐发展的教育，是高校人才培养体系的重要组成部分，也是高校思想政治工作的重要内容。”“坚持育心与育德相统一，加强人文关怀和心理疏导，规范发展心理健康教育与咨询服务，更好地适应和满足学生心理健康教育服务需求，引导学生正确认识义和利、群和己、成和败、得和失，培育学生自尊自信、理性平和、积极向上的健康心态，促进学生心理健康素质与思想道德素质、科学文化素质协调发展。”

通过不断学习与实践，形成了大学生心理健康教育的“一体两翼五支撑”心理育人体系案例。结合辅导员工作实际，这个体系可以使辅导员的心理健康教育工作有理论可以支撑、有框架和工作步骤可以遵循、有具体的工作方法和技术可以利用，从而不断推动辅导员工作的专业化和科学化建设。工作案例的详细情况如下。

一、基本情况

坚持育德与育心、育才与育心相结合，以培养大学生乐观自信、理性平和的积极心态为目标，构建以全员、全过程、全方位育人格局为统领，以教师队伍和学生干部队伍为两翼，以理论教学、实践活动、心理咨询与辅导、危机干预、科学研究为5个支撑点的“一体两翼五支撑”心理育人体系，促进大学生心理健康发展。在多年的工作实践中，累计服务学生1000余人，获得省级荣誉2项，出版教材1部，发表论文3篇，申请获批厅局级项目1项，校级项目2项。

二、主要措施

(一)“一体两翼五支撑”构建内容

1.构建全员、全过程、全方位心理育人格局，多举措提升心理健康理论水平

学院成立大学生心理健康教育工作领导小组，统筹领导指导学院学生心理健康教育工作，及时研究解决工作中存在的问题。坚持“自上而下”和“自下而上”反馈机制，搭建“学院－年级－班级－宿舍”四级心理育人管理体系，发挥专业课教师和学生干部优势，努力实现心理育人网全覆盖，不断提升学生心理健康素质提升。制定《学生心理危机干预办法》(暂行)、《学生心理危机处置工作

专班文件》等相关制度，有力地保障心理危机预防与干预工作的开展。

采用学院、班级、宿舍“三层次”服务模式，针对辅导员、班级心理委员和宿舍心理信息员，定期开展学生心理骨干心理助人技巧培训，邀请学校心理健康教育与咨询中心老师做讲座，强化心理委员的工作职责，增强问题的识别能力。定期开展心理健康教育主题沙龙和主题班会，提供同辈交流平台，提高学生对心理健康的理解。

2.“五个支撑点”开展情况

(1)理论教学。通过《大学生心理健康教育》课程、主题班会等形式，已向1500余名学生普及心理健康教育知识，学生提交心理健康教育作品300余份。

(2)心理咨询与辅导。为学生提供学习、生活、工作、择业交友等方面的辅导与咨询。对学生进行心理辅导600余次，在心理辅导中发现存在心理问题，并经医院诊断患有不同程度抑郁症、焦虑症的学生20余人次。在担任心理健康教育中心兼职心理咨询师期间，提供咨询服务80余次，评估后发现心理危机学生10余人，并及时转介学生至专业医疗机构。

(3)实践活动。根据大学生成长特点，制定了详细的活动方案，涉及新生适应大学生活、学会感恩、人际交往与沟通、心理危机应对、学业规划、追求健康的情与爱、5.25我爱我，关爱自己，关心他人、毕业生离校前心理承受挫折教育、健康与幸福等主题，通过电影沙龙、心灵对对碰、主题沙龙、团体辅导、主题班会、主题讲座等形式开展活动50余场。同时，积极推进心理健康教育知识宣传活动，在学院网站、公众号等新媒体定期推送。针对不同年级学生的不同需要，开展“人际交往、学习心理、性心理与恋爱心理”等不同主题的讲座和团体辅导。依托“5.25心理健康教育活动月”开展手抄报、朗诵比赛、知识竞赛、校园心理剧大赛等活动。

(4)危机干预。依托四级心理预防工作网络，即学校心理健康教育与咨询中心、班级心理委员、宿舍心理信息员、学生个体四级心理预防工作网络，建立高效顺畅的转介机制，对有严重心理问题、神经症、精神疾病等学生立即转介。工作中及时发现干预心理危机学生8人，通过及时介入和心理辅导，学生已经顺利度过心理危机时期。建立重点关注学生台账，“一人一档”持续跟进，对处于恢复期的返校学生，扎实开展心理健康教育工作，不断提高学生的心理素质。

(5)科学研究。在心理健康教育工作中，不断学习与总结，开展课题研究，及时将心理健康教育成果总结出版，出版25万字教材一部，发表论文3篇。同时，根据学生特点，加强案例研究和分析，形成案例或研究报告 4 份。

（二）案例特色

1. 坚持问题导向，直面学生需求

通过调查问卷和基础研究，了解不同年级学生面临的主要困扰或困惑。通过心理健康教育知识宣传、心理辅导、危机干预和课外实践活动等形式，为学生提供及时、有效、优质的服务。

2. 坚持育人导向，探索心理育人模式

“一体两翼五支撑”最大的特点是以学生为本，将心理健康教育内容融入各个环节，是一个全员、全过程、全方位的心理育人模式。

3. 坚持目标导向，提升学生心理素质

在课堂授课的基础上，开展形式丰富多样的心理健康教育活动，理论与实践结合，课堂内外相辅相成，促进学生心灵成长。

三、工作成效

1. 形成了一套辅导员开展心理辅导的方法与技巧，增强辅导员与学生谈心谈话的针对性和实效性

谈心谈话工作是辅导员开展心理辅导的基本形式，是辅导员对学生开展思想政治教育的重要手段。科学有效地开展谈心谈话工作，不仅是辅导员工作职责的要求，更是辅导员工作能力的体现。将心理咨询技术引入谈心谈话工作中，就是在做好思想政治教育的基础上，融入心理学、社会学等相关社会科学的技术手段，与学生建立良好的谈心谈话关系，根据学生的心理特点和个性特征有针对性地帮助学生解决思想上和实践中的问题，提高心理辅导的育人效果，也可以进一步构建辅导员队伍相关学科的理论与话语体系。辅导员开展心理辅导的方法有叙事疗法、焦点解决短期心理咨询等。辅导员开展谈心谈话的技术有 SOLER 技术、倾听、反应技术等。

2. 形成了一套辅导员识别及干预心理危机的方法与实操系统，提升辅导员处理心理危机的能力

心理危机是当个体面临突然或重大生活境遇时所出现的心理失衡状态。对于大学生来说，常见的危机表现形式有焦虑、抑郁甚至躁狂的情绪，有强迫性思维或行为，上网成瘾、烟酒依赖、旷课、人际冲突、行为异常、出走、伤人伤物，严重的精神障碍如精神分裂等，自伤或自杀。自杀是心理危机最极端的表现形式。心理危机的识别方法有从学生基本信息摸排中发现识别、从学生主要面临

的困难情境中发现识别、从学生日常行为表现发现识别、从心理危机的信号发现识别。应对心理危机的有效策略有自我应对、朋辈互助、专业帮助。辅导员处理心理危机可采用的技术为 QPR 技术[QPR 是提问(question)、说服(persuade)和转介(referral)的英文单词的首字母的缩写]。

3. 形成了一套实践活动方案

辅导员开展心理健康教育工作需要坚持目标导向，不断提升学生心理素质。在课堂讲授的基础上，结合辅导员工作实际，可以根据大学生成长规律与特点，围绕“新生适应大学生活、学会感恩、人际交往与沟通、心理危机应对、学业规划、追求健康的情与爱、5.25 我爱我，关爱自己，关心他人、毕业生离校前心理承受挫折教育、健康与幸福”等主题，采取电影沙龙、心灵对对碰、主题沙龙、团体辅导、主题班会、主题讲座等形式开展心理健康教育活动，将心理健康教育内容融入育人的各个环节，实现课堂内外联动，促进学生心灵成长。

4. 形成了多篇案例分析与报告

形成的案例分析与报告有:《对他人认知偏差的案例分析》《大学宿舍中的人际关系案例分析》《考试焦虑的案例分析》《爱情错觉的案例分析》《心若向阳，便会花开——焦虑抑郁情绪的心理咨询案例报告》《与室友发生矛盾冲突的大学生的咨询案例报告》《缓解毕业生就业焦虑情绪》《新时代大学生思想特点、心理特点与行为规律研究——以非通用语种专业学生为例》。

5. 荣誉与成果

撰写的《心若向阳，便会花开——焦虑抑郁情绪的心理咨询案例报告》获陕西省高校第四届心理健康教育优秀案例评比三等奖，《情绪管理》教案获陕西高校第二届心理健康教育优秀教案三等奖。

出版《辅导员开展心理健康教育理论与实践》教材 1 部，作为第一作者发表论文 3 篇，主持厅局级项目 1 项，主持校级项目 2 项。

四、工作启示

1. 构建工作框架体系，做好心理育人顶层设计

心理健康教育是提高大学生心理素质、促进其身心健康和谐发展的教育，是高校人才培养体系的重要组成部分，也是高校思想政治工作的重要内容。辅导员在一线与学生密切接触，除了关注学生群体的意识形态情况，还需要开展思想教育。在严格按照规章制度要求学生的同时，还需要关心关爱学生，关注学生的心理状态，需要专业地评判学生心理承受能力，把心理健康教育作为思

想政治教育工作的必要补充，使之成为思想政治教育的好抓手，促使二者相辅相成。在“三全育人”格局下，围绕理论知识、危机干预、谈心谈话、实践活动、科学研究五个方面开展工作，吸纳心理学助人理论中的基本内容和操作技术，结合辅导员工作的实际，使辅导员的心理健康教育工作有理论可以支撑、有框架和工作步骤可以遵循、有具体的工作方法和技术可以利用，从而不断推动辅导员工作的专业化和科学化建设。

2.构建家校联动机制，提升对心理问题的认识

一般情况下，多数大学生具有良好的心理健康状态，他们自身有能力调节和处理成长过程中所遇到的各种压力和问题。但也存在部分学生仅依靠自己的力量已不能有效地处理所遇到的压力和问题，需要自身社会支持系统的帮助和引导。在实际工作案例中，部分学生存在对心理健康相关知识掌握不深入，对心理咨询认识不足的问题。有部分家长也不够重视学生的心理健康问题，不了解心理健康教育相关知识，在学生已经被医疗机构诊断为中度抑郁症或者其他病症的情况下，始终坚持认为学生没病，只是情绪方面的问题，不需要遵医嘱吃药，靠自我调节就可以解决目前的困境。家长和学生都要高度重视：心理问题与其他任何疾病一样，如果不及早治疗病情就会加重，从而给治愈带来困难。如果能够及早发现，并进行心理咨询和治疗，就可以较好地治愈。所以，积极面对、及早求助是每一名大学生和家长面对心理问题时的基本应对策略。

同时，学校有必要第一时间将学生在学校的各方面表现告知家长，通过家长掌握学生的心理问题，从而帮助学生全面客观合理地分析出现问题的原因。

3.制订学习培训计划，提升辅导员心理育人技能

辅导员职业化、专业化、专家化离不开理论的滋养，扎实学好理论、不断充实知识储备，辅导员才能在学生工作上“博观而约取，厚积而薄发”。目前，仅有少部分辅导员持有国家二级心理咨询师或国家三级心理咨询师证书，掌握了心理健康教育的基本理论知识和技巧。对于绝大部分辅导员来说，未曾系统学习过心理健康教育知识。要想给学生一碗水，辅导员得先有一桶水，因此，为了更好地解决学生心理健康相关问题，辅导员需要制订系统的学习计划，学习心理健康教育相关知识，提升心理辅导技能，更好地帮助学生成长。

案例8 大学生就业工作案例

一、案例简介

近年来，高校毕业生数量不断增加，大学生面临严峻的就业形势。为了促进学生顺利就业，高校要多举措提升学生综合素质能力，引导学生树立正确的择业观。多途径扩展就业渠道，帮助学生顺利就业。

二、案例本质

该案例属于职业规划与就业指导范畴。

三、实施办法

(一)宏观层面

着力构建完善就业思政导航“全覆盖”、就业能力提升“全过程”、就业市场建设“全链条”、就业困难帮扶“全方位”的“四全”就业工作体系，助力外语专业毕业生高质量就业。

1.就业思政导航“全覆盖”，引导学生树立正确的就业观

积极深入开展就业思政，将思想引领贯穿就业工作始终，强化思想引领。始终坚持将爱国精神、社会主义核心价值观、中华优秀传统文化融入人才培养和就业指导的教育中，着力加强学生的爱国情怀和理想信念，深入发掘毕业季系列育人活动的丰富内涵，开展系列育人活动，通过表彰宣传抗疫工作中涌现的优秀志愿者、毕业生公开课、毕业纪念品赠送等活动，强化价值引领教育，引导学生将自己的人生价值和个人梦想融入国家和民族事业发展中，做有志向、有担当的青年人。

2.就业能力提升“全过程”，提高学生的就业竞争力

以学生全面成长成才为目标，以提高学生就业核心竞争力为重点，将就业指导贯穿本科教育教学全过程。低年级通过开展大学生职业生涯规划系列讲座，引导学生认清自我价值和方向，挖掘潜能、储备知识，树立明确的人生目标；面向高年级学生，以竞赛活动、课程培训为支撑，以不断提高学生就业能力为主线，开展了“简历门诊”“模拟面试”等多种形式的培训活动。通过简历制作、结

构化面试、非结构化面试等课程的讲授和模拟面试的演练，提高学生求职技能与技巧，增强学生心理素质与抗压能力。

3.就业市场建设“全链条”，开拓学生的就业渠道

精准匹配用人单位的用人需求和学生的求职需求，构建“线上”和“线下”相结合、“学校”和“学院”相结合、“走出去”和“引进来”相结合的全链条就业市场体系。以国家和陕西省重大发展战略需求以及学生需求为重点深耕就业市场，深入挖掘就业岗位。工作以来，主动出击，挖掘存量、做大增量，畅通毕业生就业渠道，坚持走出去、引进来，先后组织师生赴中央部委、上海出入境边防检查总站、云南公安厅等20余家单位开展走访调研，与云南省公安厅、手机品牌“非洲之王”传音控股、塔里木大学、欢聚时代、桂林啄木鸟医疗器械有限公司等10余家单位共建实习实践基地，平均每年为毕业生提供100余个实习就业岗位。

4.就业困难帮扶“全方位”，提升学生的就业自信心

建立“学院领导班子亲自抓、辅导员和班主任及专业课教师齐上阵、学生群体之间互助”的“三层次”就业困难群体帮扶机制，推动学生就业工作行稳致远发展。同时，坚持从实际出发，聚焦精准帮扶，因事而化、因时而进、因势而新丰富改进工作方法，按照“一人一档”“一人一策”的方式帮扶就业困难学生，提升学生自信心，对学生进行个性化指导。

(二)微观层面

学生数量众多，如何快速有效地做好就业工作，采取的工作方法为：从整体到部分，从部分到个体；就业统计做减法，就业动员做加法；分类指导，精准施策；爱心、耐心与细心。

1.整体工作节奏

9月：开展毕业生就业知识讲座，第一次就业意向调查。

11月：第二次就业现状调查，将确定就业的同学信息减掉，将未就业同学进行归类，基本上有：考研、考公务员、出国、正在实习、正在找工作等，对学生进行分类指导，分专题进行交流座谈或朋辈辅导。

11月—次年1月：与每一位未就业的同学联系，一方面了解就业情况，为同学们提供针对性的指导，另一方面鼓励同学们，树立自信心。

2月：关注考研学生情况，上线的引导其准备复试，未上线的同学引导其积极投入到求职中，其中包含要继续求职的同学，是指导帮扶的重点。

3月：进行第三次就业现状调查，再将确定就业的同学信息减掉，重新整理

一份未就业名单，每隔一周询问一遍，整体的策略是从简到难，站在学生的角度考虑问题。同时，积极向学生推荐单位。

4 月：进行第四次就业现状调查，针对未就业学生分类指导、逐一指导。

4 月—6 月：每周和未就业的学生联系一次或多次，将学生反馈的情况记录清楚，方便下次取得联系时更有针对性地沟通。

7 月—11 月：与未就业的学生一直保持联系，沟通就业进展。

2. 其他注意事项

学生就业受挫，存在抵触情绪：在与学生的每一次沟通联系中，要站在学生的角度考虑问题，尊重学生，晓之以理，动之以情。同时，要为学生做心理疏导、要生涯规划和就业指导。

有多个工作单位可供选择，学生不知该如何选择时，辅导员需要帮助学生分析，帮助学生作决定，但不替学生作决定。

二次考研的同学，通过综合分析，如果学生考研决心特别大，辅导员要引导学生认真复习；如果还在犹豫不决的，就要多次对学生进行引导教育，进行生涯规划分析，帮助学生分析适合的道路。

案例 9　爱国主义教育主题班会

班会主题：我的梦 中国梦

参与人：全班同学、辅导员

一、活动目的

通过丰富多彩的形式，激发同学们的爱国主义情怀和民族自豪感、责任感和使命感。启发同学们树立远大理想，将个人梦融入国家梦，为实现理想坚定信心，不懈努力。教育引导学生深刻领会实现中华民族伟大复兴是中华民族近代以来最伟大的梦想；深刻领会每个人的前途命运都与国家和民族的前途命运紧密相连；深刻领会空谈误国、实干兴邦，中国梦的实现需要广大学生坚定理想信念，立志刻苦学习，积极投身实践，为把我们国家建设好、发展好而努力奋斗。

二、活动要求

(1)活动围绕“我的梦 中国梦”这一主题。

(2)本次活动要求全体同学积极参与，并积极主动分享心得体会。

三、活动过程

班会开始前播放歌曲《中国梦》。

(一)开场白

同学们：

青年兴则国家兴，青年强则国家强。青年一代有理想、有本领、有担当，国家就有前途，民族就有希望。中国梦是历史的、现实的，也是未来的；是我们这一代的，更是青年一代的……广大青年要坚定理想信念，志存高远，脚踏实地，勇做时代弄潮儿，在实现中国梦的生动实践中放飞青春梦想，在为人民服务的不懈奋斗中书写人生华章。

同学们，作为新时代大学生，我们要树立远大理想，将个人梦想融入国家梦想中，积极投身建设祖国的伟大事业中。今天，我们欢聚一起，召开一次主题为“我的梦 中国梦”的主题班会。

(二)班会内容

1.诗歌朗诵篇《我的梦，中国梦》

甲：我的梦，是青春洋溢的意气风发。

乙：我的梦，是志在四方的豪情挥洒。

甲：我的梦不在那个遥远的天国，
我的梦就屹立在东方的热土。

乙：我的梦启航于长江，
我的梦孕育于黄河。

合：我的梦，像一面神奇的镜子：
一面冰雪；一面焰火。

甲：我的梦，是一阵永久的春风：
向北举起披荆斩棘的镢头；
向南展开村口母亲的微笑……

乙：我的梦，化作光明岁月；
几经险阻，为何长燃不熄！

甲：我的梦，追随正义之火；
几经风波，为何高擎下落！

乙：它沐浴着艳丽的霞光，
在太阳下巍峨！
甲：它点亮那闪亮的星座，
在月光下闪烁！
乙：长城的脚下，
是五千年文明的土壤；
长城的天界，
是一个名叫未来的地方。
甲：我的梦在长城生长，
这梦想的长城，
正在延伸祖先的荣光。
乙：下一个百年，
我的梦、中国梦，花开何方？

合：来吧，同学们！
请打开心中最美丽的翅膀。
这一刻让我们一起飞向北京，
在那万里长城之上对话星空，
和世界一起分享。

甲：我有一个绿色的梦想，
秀美的山川如诗如画，绿色生态永续发展。
乙：我有一个青色的梦想，
年轻的中国青春激荡，改革奋进永向前方。
甲：我有一个蓝色的梦想，
纯净的天空一片蔚蓝，幸福的生活充满阳光。
乙：我们有一个紫色的梦想，
东方大国，紫气东来，中华崛起，世界同享！

甲：当世博园的灯光，
相逢长城的目光，

我们要在这里，
集合起所有属于未来的梦想。
乙：哪怕只是一道稍纵即逝的流星，
也请关注它，
也许哪一天就能触发出，
新世界的曙光。
合：请未来登上长城吧，
一起收获，
中国少年永无止境的梦想！

合：少年智则中国智，
少年强则中国强！
甲：中国少年，意气风发，矢志不渝，将与天地共存。
乙：少年中国梦，雄奇瑰丽，亘古不变，定与日月同辉。

甲：这是我的梦。
乙：这也是我的梦。
合：这是你我的梦
这是我们的七彩梦——
中——国——梦。
我的梦是中国梦，
中国的梦是我们的梦。
让我们携起手来，
为中国梦添彩，让中国梦飞翔！
为中国梦添彩，让中国梦飞翔！

2.知识讲授篇

(1)中国梦的科学内涵。

国家富强，是指我国综合国力进一步增强，中国特色社会主义事业进一步发展和完善。

民族振兴，就是通过自身的不断发展与强大，继承并创造中华民族的优秀文化以及先进的文明成果，进而使中华民族再次处于世界领先的地位，再次以高昂的姿态屹立于世界民族之林。

人民幸福，就是人民权利保障更加充分、人人得享共同发展，生活在伟大祖国和伟大时代的中国人民，共同享有人生出彩的机会，共同享有梦想成真的机会，共同享有同祖国和时代一起成长与进步的机会。

(2)中国梦的实现路径。

实现中国梦必须走中国道路，这就是中国特色社会主义道路。

实现中国梦必须弘扬中国精神，这就是以爱国主义为核心的民族精神和以改革创新为核心的时代精神。

实现中国梦必须凝聚中国力量，这就是全国各族人民大团结的力量。

(3)分享中国梦的故事。

中国梦就是我们的梦，所有中国人的梦汇成了中国梦。无数的仁人志士，为了实现梦想，为了祖国的腾飞，他们顽强拼搏，努力奋斗，终于使我们的祖国屹立在世界的东方，有了今天世人瞩目的辉煌成就。

播放视频《繁星》。

3.交流讨论篇

(1)谈谈自己的梦想。

在生活中，梦想伴随着我们每一个人。给自己树立一个梦想，一个远大目标，让梦想带着自己在人生辽阔的天空自由飞翔。无论这个梦想是什么，这个梦想有多大，同学们，请谈谈你们的梦想。

学生A：我的梦想是当一名人民教师。因为我高中的语文老师影响了我的职业选择，她腹有诗书，气质非凡，她的魅力让人折服，因此我也在为之积累经验，努力奋斗。我曾经当过兼职语文老师，陪伴学生成长，一对一辅导，传授知识，学生进步的同时我也获得学生的认可与支持，是工作之中最大的快乐。我从小便觉得老师是一份神圣而伟大的职业，而我自认为是一个有文艺情怀的人，因此我梦想成为一名老师，充实自己从而稳健地行走在自己选择的道路上。

学生B：我的梦想是当一名外交官。作为一名外交官，不仅需要精通好几种语言，还需要极高的素质，面对各种情况都从容不迫，这样才能和国际各界人士交换意见和建议。总的来说，这要求人有非常优秀的综合素质，这也是我一直努力的方向。我喜欢学习不同的语言，也喜欢旅行，期盼有一天能够真正感受到不同地区的文化。既然我选择了外交官作为我的目标，就要付诸行动。大学期间，我认真学习专业课知识，同时通识课也不落下，三年来我也一直保持着较好的成绩。当然我还需要更加努力，不仅要提高与他人的沟通能力，还需要磨炼自己的心理意志等，使自己拥有作为一名外交官所应具备的素质。

学生C：小时候我梦想着当一名国际服装设计师，将中国元素融入服装中，让中国传统文化走出国门，走向世界。母亲给我买了一个芭比娃娃，我把她当作我的模特，给她做了很多新衣服。后来，我想当一名编辑，写一些有趣的小故事，写一些精彩的文章，用文字传递温暖、传递故事、传递爱。我的摘抄本里密密麻麻地记录着我收集的素材资料，希望着有一天我的文章能在报纸上发表。现在，我想考公务员，回到我的家乡，为我家乡的建设做一点力所能及的事情。作为中阿博览会的永久举办地，宁夏近年来积极融入和服务"一带一路"建设，搭建开放平台、优化开放环境，与"一带一路"共建国家经贸合作规模稳步扩大，宁夏拥有很大的发展潜力。我想回到宁夏，用我在大学所学到的知识服务于培养我长大的家乡，做中阿友好关系的桥梁，用阿拉伯语讲好中国故事，传递中国声音。这个也是我当初选择学习阿拉伯语的原因。

(2)交流讨论国家梦与个人梦的关系。

学生D：古往今来，总有一些梦想在不断推动着社会的前进变革，这可能是一个人的小小梦想，或者是一个国家民族追逐历史的宏图梦。中国梦是民族的梦，也是每个中国人的梦。对我来说代表祖国进行外交不仅仅是我个人的梦想，也是我作为一名大学生，一名中共党员为实现中华民族伟大复兴的中国梦。成为一名外交官要有足够的实力，不仅要有渊博的知识，还要有过硬的综合素质。要想有足够的实力就一定要不断完善自己，我会以这个目标不断勉励自己，从小事做起，从认真完成学业做起，脚踏实地实事求是地做人做事，不断进步，争取有一天实现这个梦想。

学生E：我认为个人的梦想也是中国梦的构成部分之一。中国梦能更好地激发个人梦，保障个人梦。比如，我找到一份合适的工作，踏实用功，努力上进，能够最大挖掘自己的价值，实现自己的梦想。像我这样的每个人都能在自己的岗位努力上进，社会也会越来越富强和谐，也会推动中国梦的实现。大学生作为实现中国梦的主要力量，应该以个人梦的实现来推动中国梦的实现。

学生F：我认为中国梦是由无数的个人梦构建而成，中国梦的实现需要依托无数个人梦的实现。所以，个人梦不是孤立的，个人成就剥离出来看似微乎其微，可是这颗星闪耀，那颗星闪耀，闪耀的星连成片便是璀璨的星河。所以我知道我的梦想——当老师，不只是与我个人有关，我不仅要对自己负责，对职业负责，还要对学生负责、对社会负责。由此看来，教书育人是愿望也是使命，个人梦和中国梦的联结是希望与使命的结合。它会让我更坚信每个人的勤奋努力都能够推动国家向前一点点，自己在变得更好的同时国家也在因你变得更好。

播放视频《家国天下》《青年榜样习近平》。

个人梦和国家梦的内在联系为：个人的奋斗离不开国家，离不开国家梦的实现；国家梦的实现，特别是中华民族伟大复兴的实现，又依赖于每一个人最大限度地把自己的聪明才智和创造力发挥出来。

全体学生合唱《最初的梦想》。

案例10　就业心理调节主题班会

班会主题：认识就业心理，创造美好未来

参与人：全班同学、辅导员

一、活动背景

“心理健康教育”是大学生德育的基础。大学正处于青春期，也是心理发展的重要转折期，由于心理发展不成熟，情绪不稳定，面临生理、心理、社会适应等问题时，心理冲突和心理矛盾时有发生，如理想与现实的冲突、理智与情感的冲突、独立与依赖的冲突、自尊与自卑的冲突等，当这些冲突和矛盾得不到有效疏导，久而久之就会形成心理障碍，因此大学生的心理健康尤其值得关注。我国每年毕业生数量持续增加，毕业生面临严峻的就业形势，大学生就业难问题依然存在。毕业生在求职就业过程中会因各种原因出现心理问题，严重影响学生身心健康和顺利就业。引导学生认识不良就业心理，树立合理的职业价值观至关重要。

二、活动目的

本次主题班会旨在从大学毕业生心理实际问题出发，增进大学毕业生的心理健康。通过召开主题班会的方式，帮助学生正确认识心理冲突，帮助学生学会和掌握心理调适和情绪管理的方式方法，提升心理素质，增强心理调适能力和社会适应能力，促进学生身心健康全面发展。

三、活动要求

(1)活动围绕“就业心理”这一主题。

(2)本次活动要求全体同学积极参与，并积极主动分享心得体会。

四、活动过程

(一)开场白——由主持人向全体同学介绍活动的主题、内容。

同学们：

今天，我们欢聚一起，召开一次主题为“认识就业心理，创造美好未来”的主题班会。心理健康对我们大学生的成长成才至关重要。大学阶段是大学生人生观、世界观、价值观形成的重要时期，情绪不稳定极易产生心理矛盾和心理冲突。如今，我们处在人生关键的十字路口，择业就业过程中会产生诸多心理问题，因此我们召开此次心理主题班会，让心理健康教育走进每一位同学心中，引导同学们认识职业价值，树立合理的职业价值观，认识与接受职业自我，主动捕捉机遇，理性就业。

(二)班会内容

1.情景互动篇

方式：以团体游戏方式展开

(1)大风吹。设置2组，每组8人。小组成员围成一圈，每个人站定或坐定一个位子，由主持者开始说大风吹，所有成员回应“吹什么”，主持者说一部分小组成员身上有的物品或特征，比如可以说“吹戴眼镜的人”等，依据实际情况而定，主持人说完后所有被吹到的人，即拥有这些特征的组员需要互换位置，没有被吹到的组员待在原地，这时主持人会加入占一个位置，所以最后会有一个组员没有位置，没有占到位置组员将会接受一份特殊来自小组的奖励，接受完奖励之后，没有占到位置的组员担当下一轮的主持人。

大风吹中还有另一个口令，叫小风吹，当主持人说到小风吹时，被小风吹到的人原地不动，没被吹到的人需要互换位置。其他游戏规则遵循大风吹。

(2)萝卜蹲。设置2组，每组5人。用不同的颜色命名，比如每组有5人，于是命名为：黄萝卜、白萝卜、绿萝卜、青萝卜、红萝卜。比如，从黄萝卜开始，则黄萝卜的成员边做蹲起边说“黄萝卜蹲，黄萝卜蹲，黄萝卜蹲完绿萝卜蹲”，说完的同时用手指绿萝卜。如果黄萝卜最后指定的人不存在，或者黄萝卜用手指的人与口中说的人名字不符，则黄萝卜被淘汰。接下来绿萝卜开始按照步骤三进行蹲起和喊口号，然后指定下一人做蹲起的萝卜。每当有人犯错误时便被淘汰。如此循环，直到场上还剩下最后一名没被淘汰的为胜利者。

2.学习篇

方式：以放映视频形式为主，以分享心得体会为辅。

(1)观看视频《吴聊大学第16期：大学生就业的五种心理冲突》。

(2)谈谈自己观看视频后的心得体会和感悟。

(3)谈谈自己在择业过程中面临的心理问题，由辅导员解答。

3.知识讲授篇——由辅导员讲授如何调适就业心理

(1)接受客观现实，调整就业期望值。

(2)充分认识职业价值，树立合理的职业价值观。

(3)认识与接受职业自我，主动捕捉机遇。

(4)坦然面对就业挫折，提高心理承受力。

(5)调整就业心态，促进人格完善。

(6)勇于进取，促进就业。

案例11 情绪管理主题班会

主题：优化情绪 释放压力——毕业生如何面对就业焦虑情绪和心理压力

参与人：全班同学、辅导员

一、活动背景

大学正处于青春期，也是心理发展的重要转折期，由于心理发展不成熟，情绪不稳定，面临生理、心理、社会适应等问题时，心理冲突和心理矛盾时有发生，如理想与现实的冲突、理智与情感的冲突、独立与依赖的冲突、自尊与自卑的冲突等，当这些冲突和矛盾得不到有效疏导，久而久之就会形成心理障碍。因此大学生的心理健康尤其值得关注。我国每年毕业生数量持续增加，毕业生面临严峻的就业形势，大学生就业难问题依然存在。毕业生在求职就业过程中会因各种原因出现焦虑情绪和心理压力，严重影响学生身心健康和顺利就业。

二、活动目的

本次主题班会旨在从大学毕业生心理实际问题出发，增进大学毕业生的心理健康。通过召开主题班会的方式，帮助学生缓解焦虑情绪和心理压力，帮助学生学会和掌握心理调适和情绪管理的方式方法，提升心理素质，增强心理调适能力和社会适应能力，促进学生身心健康全面发展。

三、活动要求

(1)活动围绕“焦虑情绪和心理压力”这一主题。

(2)本次活动要求全体同学积极参与，并积极主动分享心得体会。

(3)全班同学拍摄一部情绪管理方面的视频。

四、活动过程

(一)开场白——由主持人向全体同学介绍活动的主题、内容。

同学们：

今天，我们欢聚一起，召开一次主题为“优化情绪 释放压力——毕业生如何面对就业焦虑情绪和心理压力”的主题班会。心理健康对我们大学生的成长成才至关重要。大学阶段是大学生人生观、世界观、价值观形成的重要时期，情绪不稳定极易产生心理矛盾和心理冲突。如今，我们处在人生关键的十字路口，择业就业过程中会产生诸多不良情绪，因此我们召开此次心理主题班会，让心理健康教育走进每一位同学心中，帮助同学们释放不良情绪，缓解压力。

(二)班会内容

1.情景互动篇

(1)辅导员带领大家做“手动操”，引导语为“来学习嘿，来交流嘿，心理健康很重要嘿!”活跃氛围。

(2)“我演你猜”活动——两人一组，每组共8个成语。其中一人表演卡片内容，另一人猜卡片内容。卡片内容皆为与情绪有关的四字成语。共设置3组。

一组：哭笑不得、嬉皮笑脸、回眸一笑、七情六欲、义愤填膺、同仇敌忾、怒发冲冠、喜怒哀乐。

二组：恼羞成怒、喜气洋洋、欣喜若狂、痛心疾首、忧心忡忡、撕心裂肺、泪流满面、垂头丧气。

三组：梨花带雨、啼笑皆非、鬼哭狼嚎、愁眉苦脸、眉飞色舞、欢天喜地、兴高采烈、喜上眉梢。

(3)每个人谈谈自己在择业过程中的挫折，自己是如何缓解焦虑情绪。

2. 学习篇

方式：以放映视频形式为主，以分享心得体会为辅。

(1)观看视频《凯利·麦格尼格尔：和压力做朋友（How to Make Stress Your Friend by Kelly McGonigal)》。

(2)观看视频《[相声]情绪与健康》。

(3)观看同学们自己拍摄的视频《大学生日常之“踢猫效应”》。

(4)每个人谈谈自己观看视频后的心得体会和感悟。

3. 情绪宣泄方法讲授篇

(1)合理宣泄法：大声呼喊、找人倾诉、写文章。

(2)注意力转移法：阅读、运动。

(3)身心放松法：听音乐、深呼吸、冥想。

4. 放松体验篇

15 分钟放松训练，学生根据引导语和音乐，全身心地放松自己。

案例 12　情绪管理主题教育的工作案例

一、教育目标

情绪是由客观事物引起的，是人对客观事物的态度。大学生正处于自我意识逐步趋于稳定、心理矛盾冲突增多、情绪情感丰富但不稳定的状态。因此，这堂课的目标是为了让学生了解情绪如何产生和情绪的类型；让学生掌握情绪对其生理、心理的重要影响；引导学生掌握调节情绪的有效方法，以便在日常生活中克服消极情绪，培养积极乐观的心境。

目标 1(知识目标)：了解情绪产生的相关理论，认识情绪 ABC 理论(合理情绪疗法)和其他情绪调节方法；正确认识情绪分类。

目标 2(技能目标)：学会调节情绪的有效方法；能运用情绪 ABC 理论和其他有效方式(如跑步、放松、转移注意力等)来调节不良情绪。

目标 3(情感目标)：了解积极、良好情绪对幸福生活的重要意义，争取始终保持理性平和、积极乐观的心境。

二、教育内容

(一)导入(情绪初体验)

(1)手动操：来学习嘿！来交流嘿！心理健康很重要嘿！

老师带领同学们分别用双手食指、手掌、手臂做手动操，一边喊口号，一边做操。做完手动操后询问同学们的心情如何？欢快——紧张——开心。

(2)你来比划我来猜——与情绪相关的四字成语

哭笑不得、嬉皮笑脸、回眸一笑、七情六欲、义愤填膺、同仇敌忾、怒发冲冠、喜怒哀乐、恼羞成怒、多愁善感、痛心疾首、撕心裂肺、忧心忡忡、泪流满面、垂头丧气、梨花带雨、啼笑皆非、鬼哭狼嚎、眉飞色舞、欢天喜地、兴高采烈、喜上眉梢、喜气洋洋、欣喜若狂等。

自愿报名的6名同学，两两一组，每组8个成语。每组中，一位同学表演成语所展现的内容，另一位同学猜成语。通过这个环节，让大家体验情绪，对情绪有初步的了解。同时，通过这个环节可增加同学们的快乐体验，营造轻松欢快的氛围。

(二)具体内容

1.主要情绪理论

(1)情绪生理理论。

①詹姆斯-兰格情绪理论：美国心理学家威廉·詹姆斯和丹麦生理学家卡尔·兰格分别提出内容相同的一种情绪理论。他们强调情绪的产生是植物性神经活动的产物。后人称其为情绪的外周理论，即情绪刺激引起身体的生理反应，而生理反应进一步导致情绪体验的产生。

②坎农-巴德情绪理论：坎农-巴德情绪理论是由美国生理学家沃尔特·坎农提出，后来其弟子菲利普·巴德进行了扩充。该理论认为情绪的中枢不是在外周神经系统，而是在中枢神经系统的丘脑，并且强调大脑对丘脑抑制作用的解除，使植物性神经活跃起来，加强身体生理的反应，而产生情绪。外界刺激引起感觉器官的神经冲动，传至丘脑，再由丘脑同时向大脑和植物性神经系统发出神经冲动，从而在大脑产生情绪的主观体验而由植物性神经系统产生个体的生理变化。

(2)情绪认知理论。

①阿诺德的评定-兴奋理论：美国心理学家阿诺德认为，刺激情景并不直接决定情绪的性质，从刺激出现到情绪的产生。要经过对刺激的估量和评价。情

绪产生的基本过程是刺激情景-评估-情绪。同一刺激情景，由于对它的评估不同就会产生不同的情绪反应。情绪的产生是大脑皮层和皮下组织协同活动的结果，大脑皮层的兴奋是情绪行为的最重要的条件。

②沙赫特-辛格的两因素情绪理论：美国心理学家沙赫特和辛格认为：情绪的产生有两个不可缺少的因素，一个是个体必须体验到高度的生理唤醒，另一个是个体必须对生理状态的变化进行认知性的唤醒。情绪状态是由认知过程、生理状态、环境因素在大脑皮层中整合的结果。这可以将上述理论转化为一个工作系统，称为情绪唤醒模型。

③拉扎勒斯的认知-评价理论：认为情绪是人与环境相互作用的产物。在情绪活动中，人不仅接受环境中的刺激事件对自己的影响，同时要调节自己对于刺激的反应。也就是说，情绪是个体对环境事件知觉到有害或有益的反应。因此，在情绪活动中，人们需要不断地评价刺激事件与自身的关系。具体有三个层次的评价：初评价、次评价、再评价。

2.情绪分类

(1)基本情绪和社会情绪。基本情绪是指与人生理需要相联系的内心需要，如恐惧、焦虑、满足等。社会情绪是指与人的社会性需要相联系的需要，如幸福感、荣誉感、责任感等。

(2)心境、激情和应激。按照情绪发生的强度、速度与持续时间的长短，可将情绪分为心境、激情和应激。

心境：心境是指使人的心理活动都染上某种相应色彩的一种微弱的而持久的情绪状态。如绵绵柔情、闷闷不乐、耿耿于怀等。其特点为：和缓微弱；具有弥散性，非定向性；持续时间较长，可能是几小时、几周、几个月甚至几年；对人的生活、学习和身体健康有很大影响。

激情：激情是指一种强烈的、持续时间短暂的、爆发式的情绪状态，如欣喜若狂、暴跳如雷等。其特点为：有明显的外部表现、具有激动性和冲动性；持续时间短、有明确指向性，通常由特定的对象引起。激情有积极的作用也有消极的作用。

应激：应激是指在出乎意料的紧急和危险的情况下所引起的高度紧张的情绪状态。其表现为：目瞪口呆，手足失措，陷于一片混乱之中；急中生智，冷静沉着，动作准确有力，及时摆脱险境。应激有积极的作用也有消极的作用。

3.情绪与健康

(1)情绪与身体健康。

①无所适从的狗(巴甫洛夫)：每次给狗送食物以前打开红灯、响起铃声。这样经过一段时间以后，铃声一响或红灯一亮，狗就开始分泌唾液。一段时间后，狗惶惑不安，无所适从，乱转、嚎叫、拒食、腹肌痉挛、呕吐。

②内心矛盾的猫：实验者将猫放在一个特制的笼子里。笼子里装有一个压杆。

按压杆，食物＋电击。过了一段时间，猫的血压升高了，患了“高血压”。

③提心吊胆的猴：一只被捆住，不能动；一只可以在笼子里活动。实验者每隔 20 秒对猴子进行一次电击，每次放电前 5 秒，笼里的红灯就会亮起。结果有一只猴子死了。请问同学们哪一只猴子死了？

通过这 3 个实验数据，展现负面情绪对身体健康的消极影响。

人的性格行为方式，即人的言行和情感的表现方式可分为 A 型性格(冠心病性格)、B 型性格(长寿性格)和 C 型性格(癌症性格)。

A 型人由于一系列的紧张积累，极易导致心血管病。有关专家认为，A 型性格能激起特殊的神经内分泌机制，使血液中的血脂蛋白成分改变，血清胆固醇和甘油三酯平均浓度增加，而导致冠状动脉硬化。

B 型性格的人多表现为温和平静，从容大度，不过分争强好胜，随遇而安。研究表明，长寿人群中，B 型性格者占 83%。

C 型性格特征的人癌症发病率是正常人的 3 倍以上。对于 C 型性格易患癌的现象，神经免疫学的回答是：抑郁心理状态打破了体内环境的平衡，干扰免疫监控系统的功能，不能及时清除异常突变细胞，这类细胞极易引发癌症。

(2)情绪与心理健康。有数据显示，我国抑郁障碍和焦虑障碍居各类精神障碍疾病的前两位。抑郁症是以持久性的心境低落为特征的神经症。抑郁症的表现见表 7－1。

表 7－1　抑郁症的表现

特征	举例
情绪	悲哀、抑郁；对日常的大部分活动失去兴趣或乐趣
食欲	食欲差；体重显著减少
睡眠	失眠或者睡眠过多

续表

特征	举例
运动活动	显著减缓(运动迟滞)或激越
内疚感	感觉自己没有价值;自责
注意力	思维和集中注意的能力降低;健忘
自杀	反复想到死;有自杀的观念或举动

据世界卫生组织统计,全球抑郁症发病率为3.1%,而我国的发病率高于世界平均水平,且近年来呈上升趋势。抑郁症等精神疾病已经超越心脏病和癌症,成为我国医疗健康体系面临的最大难题。更值得关注的是,我国抑郁症患者出现年轻化趋势。目前,药物治疗仍是医治抑郁症的主要方法,医学团队仍在不断探索生物学成因及医疗方法的改进。

焦虑症是一种具有持久性焦虑、恐惧、紧张情绪和植物神经活动障碍的脑机体不适感。焦虑症的表现为:情绪紧张不安,忧心忡忡;注意力集中困难,极端敏感;心跳加快,过度出汗。

4.如何管理自己的情绪

(1)合理宣泄情绪四部曲。

①哭:适当哭一场。

②喊:痛快喊一回。

③诉:向亲朋好友倾诉(依靠自己的社会支持系统)、自我倾诉(写日记)。

④动:进行适当的运动(跑步、做瑜伽)。

(2)合理控制情绪。

①积极自我暗示:针对某件消极事件,可以进行积极自我暗示。比如,没事儿,我下次可以做得很好。

②深呼吸法:站直或坐直,微闭双眼,排除杂念,尽力用鼻子吸气,尽量用腹部呼吸;轻轻屏住呼吸,心中默念:1、2、3;缓慢地用口呼气,把气吐尽为止。重复4次以上。

③转移注意力:看喜欢的书、听音乐、看电影和朋友玩等。

(3)积极自我认知。

①合理客观审视自己,找优点、找长处。

②每天写五件开心的事。

(4)情绪 ABC 理论(合理情绪疗法)。

①内涵。情绪 ABC 理论的创始者埃利斯认为,正是由于我们常有的一些不合理的信念才使我们产生情绪困扰。如果这些不合理的信念久而久之,还会引起情绪障碍。情绪 ABC 理论中,A 表示诱发性事件,B 表示个体针对此诱发性事件产生的一些信念,即对这件事的一些看法、解释。C 表示自己产生的情绪和行为的结果。

让同学们以表 7-2 中的事件 A 为例,体会自己会产生什么想法,产生什么情绪。决定我们情绪体验的不是事件 A 本身,而是我们对事件 A 的认识与想法 B。因此,我们要学会区分合理信念和不合理信念,学会将不合理信念转变为合理信念。

表 7-2 抑郁症的表现

事件 A	想法 B	情绪 C
你的好友说周末会找你去逛街,但整个周末她都没有和你联络	这个人一点都不讲信用	讨厌
	她根本不当我是朋友	气愤
	她可能突然有急事来不及通知我	谅解
	她不会是来找我时出了什么意外吧?	担心

②非理性信念的特点。绝对化(以自我为中心)、过分概括化(以偏概全)、糟糕至极(可怕推论)。举例:

我必须考专业第一,竟然没有考上,天下再也没有比这更可怕的了。(糟糕可怕至极)

分手这事绝不能发生在我身上,现在竟然发生了,我无论如何受不了。(不能忍受,绝对化)

我辛苦准备了那么久,考试还是失败了,我将永远不会有什么作为。(过度概括)

我没做好,没得到大家的认可,我就是个大笨蛋。(贬低自我价值,以偏概全)

③驳斥五宝和替代的理性想法。

驳斥五宝:这个想法会伤害我、这个想法会破坏我与别人关系、这个想法使我不能达到目的、这不是事实，只是我的主观想法、即使情况没改善，我就真的……吗？

替代的理性想法：虽然我不喜欢……，但还不至于……；虽然我不喜欢……，但我仍然……；虽然……不好……，但是……；要是……就好了；将“应该”换成“希望”。

举例：假设你要参加演讲比赛，你感到十分焦虑、紧张和害怕。

原想法：我应该要讲得很好，不可犯错，犯了错是很糟糕的事情。万一讲不好被耻笑，多没面子呀！讲不好说明我是个没用的人。

驳斥：“这想法会影响我，使我不能正常表现。”“即使犯了错误，被耻笑，我真的受不了吗？”“讲错了就很没面子吗？一次演讲讲不好就说明我是个没用的人吗？这想法并不是事实，只是我自己主观的意见，不切实际地夸大了后果。”“这想法会使我无法达到预期目标。”

驳斥后形成新的合理的想法：“虽然我不喜欢犯错，但是如果犯了错，只会感到生气，还不至于到了糟透了的地步。”“虽然我讲不好，我仍然是个有用的人。一次行为表现不等于一个人的全部；一件事做不成，不代表我就是笨蛋。”“不犯错最好，但不表示我一定不可以犯错。”

④理性情绪疗法（RET）。

理性情绪疗法（Rational - emotive therapy，RET），又称合理情绪疗法，20 世纪 50年代由艾利斯在美国创立，它是认知疗法的一种，因其采用了行为治疗的一些方法，故又被称为认知行为疗法。其治疗整体模型是“ABCDEF”，是在埃利斯的 ABC 理论基础上建立的。艾利斯认为人的情绪和行为障碍不是由于某一激发事件直接所引起，而是由于经受这一事件的个体对它不正确的认知和评价所引起的信念，最后导致在特定情景下的情绪和行为后果，如图 7 - 3 所示。

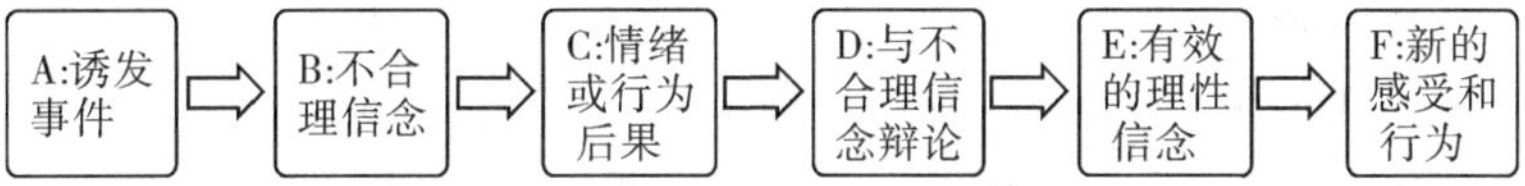

图 7 - 3　理情情绪疗法模型

举例讲解 RET 自助治疗练习表的使用，引导学生学会与不合理信念辩论，学会使用 RET 自助治疗练习。

A：诱发事件。紧临我感到情绪困扰或产生自损行动之前发生的事件、思想或感受。比如，我必须考上好的大学，必将成为一个对社会有用的人。

B：不合理信念。导致我产生情绪困扰或自损行为的非理性信念（IBs）：（圈出所有你应用于诱发事件的IBs）。比如，我必须干得很棒或非常棒。

C：情绪或行为后果。在我身上出现的，也是我想要改变的情绪困扰或自损行为。比如，我会一蹶不振，碌碌无为地过每一天，毫无作为。

D：与不合理信念辩论。与每一圈出的非理性信念辩论。正方：为什么你必须干得非常棒？反方：因为我有这样的能力，绝对能够办好分配到的任务，所以我是非常棒的。正方：如果你有一个任务由于客观原因没有完成，那么就证明你没有能力，你不棒吗？反方：是的，必须是每件事都要做到极致、完美。正方：就算有时没有做到很棒，但不能说明不好，结果还是好的，就像成功90%，失败10%，对我来说还是成功的。

E：有效的理性信念。取代非理性信念的理性信念（RBs）。比如，我希望干得很棒，但并非事事如此。

F：新的感受和行为。我获得了自己的理性信念之后感受到的。通过理性情绪的分析，能够正确认识自己，分析自己的认知和情绪，自主调节自己的情绪，情从理生，以理驭情。我将在大量场合作出很大努力，有力地对自己重复我的有效理性信念，这样我就能使自己在现在减轻情绪困扰，在将来减少自损行为。

非理性信念举例如下：

（1）我一定要得到每个人的爱和赞赏。

（2）我必须在每个方面都够格、能干、有成就。

（3）世界应该是公平的，我应该永远受到公平待遇。

（4）人们的信念和价值观应该跟我相同，他们做事情的方式也应该跟我相同。

（5）有些人很坏，他们为非作歹应该受到谴责或惩罚。

（6）如果我没把事情做好，那么我就是一个坏人、一个白痴、一个失败者。

（7）世界应该提供我所需要的东西，生活应该过得舒舒服服，我不应该遭罪，不应该遇到麻烦。

（8）事情如果没有按我喜欢的方式发展，就太糟了。

（9）面对问题、出了问题，还不如逃避问题那么容易。

（10）心情是由生活境遇决定的；当事情进展得不顺利的，我就不可能开心。

（11）如果有可能发生坏事情，我就应该左思右想。

(12)任何问题都有一个正确答案。如果我找不出答案,就太糟了。

(13)我必须干得很棒或非常棒。

……

三、小结

(1)顺利完成计划内容,达到预期目标。学生了解了情绪如何产生的理论和情绪的类型,认识了情绪对人生理、心理的重要影响,掌握了调节情绪的有效方法。同学们需要在以后日常生活中结合自身情况,选择适合自己的调节情绪的方式方法,将所学理论知识应用到自身实践中,学会管理情绪、控制情绪、调整情绪,培养积极乐观的心境。

(2)内容主次安排得当,重点和难点突出,时间分配合理恰当,每个环节衔接顺利,环环相扣。需要了解的内容为:情绪产生理论和情绪类型。需要掌握的重要内容为:情绪与健康的关系、调节情绪的有效方法(情绪 ABC 理论)、调整情绪的其他方式方法。

(3)讲授方式方法灵活多样,师生互动情况良好,学生积极参与互动,积极参与讨论。游戏体验法、情景表演法、讨论法、案例法等方法能有效提高学生的学习兴趣,提升学习效果。

案例13 大学生心理危机应对主题教育的工作案例

一、教育目标

目标1(知识目标)：了解心理危机的概念及分类，正确认识心理危机。

目标2(技能目标)：掌握心理危机的识别方法及应对策略。

目标3(自我认知目标)：了解生命的重要意义，采取积极的心态应对心理危机。

目标4(思政目标)：将社会主义核心价值观融入讲授内容中，增强学生心理危机预防意识，提高自我调节能力，培养其良好的心理素质和乐于助人精神，促进其身心和谐、德智体美劳全面发展。

二、教育内容

(一)导入(提问、讨论)

结合大学生心理健康教育和心理危机应对，请大家谈一谈自己对社会主义核心价值观的理解。

(二)具体内容

1.心理危机的概念及分类

(1)心理危机的概念。美国心理学家罗伯特·卡普兰最早提出心理危机的概念，他认为，心理危机是当个体面临突然或重大生活境遇时所出现的心理失衡状态。这种状态的特点有：①心理严重失调，心理矛盾激烈冲突难以解决；也可以是精神面临崩溃或精神失常，甚至出现自伤或伤人的情况；②困难或极度危险中不稳定的局面；③临时的，不平衡的，而且伴随着混乱和无序的状态；④事件或情况过于困难，个体现有的资源和应对机制无法处理现在的情况；⑤当心理危机出现时，危机学生有可能察觉，也有可能觉察不到。

对于大学生来说，常见的危机表现形式有：焦虑、抑郁甚至躁狂的情绪，有强迫性思维或行为，上网成瘾、烟酒依赖、旷课、人际冲突、行为异常、出走、伤人伤物，严重的精神障碍如精神分裂等、自伤或自杀。自杀是心理危机最极端的表现形式。

（2）心理危机的分类。心理学家本杰明·布鲁姆所提出的应用危机理论很适合对大学生所出现的危机分类。布鲁姆把危机分为发展性危机、境遇性危机和存在性危机。

①发展性危机。发展性危机是指在正常成长和发展过程中，急剧的变化或转变所导致的异常反应。对于大学生来说，身体发育和性发育日益成熟，但在认知、情绪和自我控制上都不成熟，看问题容易带有主观性、片面性和绝对性，常常非此即彼、非白即黑；情绪波动性较大，心理状态不稳定，易激惹冲动，做出让自己后悔的事情；在情绪表达上较含蓄和内隐，这种表达上的忍耐，常常会让情绪体验时间较长，转化为某种心境，这种情绪上的隐忍表达在某个时点上会引发过激行为，并导致人格上的改变；自我控制力较弱，进入相对自由的大学后，容易受到诱惑，沉溺于一些不良的嗜好；在人际关系上更加敏感，在意同伴的评价和行为。这些都是导致大学生产生发展性危机的因素。发展性危机是正常的，而且每个人的发展状况都是独特的，因此辅导也要因人而异。

②境遇性危机。当出现意外的不幸事件和遭遇，且个人无法预测和控制时的危机被称为境遇性危机。如交通意外、重大事故、地震、亲人死亡、突然的疾病、被绑架、父母离异等，都可能导致境遇性危机。境遇性危机的特点是随机性、突发性、震撼性、强烈性、灾难性和不可预见性。

③存在性危机。存在性危机是指伴随着重要的人生问题，如关于人生意义、责任、独立性、自由等，出现的内部冲突和焦虑。存在性危机可以是基于现实的问题，也可以是基于对人生深层次的思考。由于很多学生在进入大学前将全部精力投入学习，考上大学后会突然有失去人生目标的感觉，就会反思人活着究竟为了什么、人生的目标等，还有的学生在上大学前完全被父母或老师管理，很少进行自主选择，而且在物质方面的需要基本上都被满足，也有可能上大学后出现存在性危机。

2.心理危机的识别方法

（1）从学生基本信息摸排中发现识别。搜集同学们的基本信息，包括我们想要掌握的便于了解学生情况的信息，比如：家长联系方式、其他家庭成员、在学校当地的紧急联系人、爱好特长、上大学前有无心理咨询经历、是否为单亲家庭、是否有生理疾病、有无宗教信仰。在此基础上，根据实际情况，接下来的时间不断更新信息，比如，建档立卡学生、少数民族学生、学习困难学生、心理健康教育中心反馈的需要一般和重点关注的学生。掌握这些信息便于快速掌握学生的情况，抓住问题关键所在。

可以通过查阅学生档案、谈心谈话、日常观察等途径了解学生产生心理问题和危机的风险性因素。危机的风险性因素包括：①年龄过大或过小；②家庭过于贫困；③父母关系不睦、单亲或离异；④与父母很少沟通或有较大矛盾；⑤有留守、流动、寄养经历；⑥有自伤或他伤经历，曾被虐待；⑦有重大身体疾病或有慢性疾病；⑧有家族自杀史、个人自杀未遂史、身体虐待史；⑨心理普查被确定为重点人群；⑩曾经被确诊有严重心理问题或精神障碍；⑪家族中近亲属有精神疾病史。

(2)从学生主要面临的困难情境中发现识别。

①适应困境：不能适应在校生活和学习，社会功能(吃饭、睡觉、人际交往、学习、工作效率)明显异常。

②人际困境：孤独、人际冲突、受同伴排斥、失恋及其他人际交往受挫等。

③学业困境：功课学习困难，难以完成老师布置的任务，学习成绩不理想或考试不及格(自己认为难以接受的)。

④就业困难：没有找到自己满意的工作或没有找到工作。

⑤家庭困境：父母婚姻破裂如分居、离异，亲子关系不良如冲突、隔离、遗弃等。

⑥经济困难：家庭经济困难等。

⑦健康困境：正在罹患严重身体疾病或精神疾病等。

⑧重大应激事件：正在经历突发性重大事件，比如失恋、与他人发生剧烈冲突、受到行政处分、自身突发重病、亲人突患重病或去世、遭遇自然灾害等。

(3)从学生日常行为表现发现识别。

①看待事物、思考问题总是比较极端。

②过度自卑、自责、内疚、压抑、忧郁、焦虑、烦躁不安、恐惧、绝望感等。

③睡眠较差，有失眠或早醒的情况，持续两周以上。

④经常不去上课，或上课时无法集中注意力，回避同学和老师的交往。

⑤有网络成瘾或其他成瘾行为，严重影响正常的学习和生活。

⑥人际关系不良，很少与同学交往，导学关系存在比较大的矛盾或冲突。

⑦性格过于内向、孤僻，缺乏社会支持。

⑧在网络媒体(微信、微博、QQ 等)有比较过激或有关于生命安全方面的

言论。

(4)从心理危机的信号发现识别。

①抑郁症、精神分裂症等严重心理疾病或精神疾病发作期。

②认知、情绪或行为突然出现异常。性格方面：平时性格开朗、生活态度积极乐观，出现危机时则相反，如果平时性格内向，可能会加重。或许性格变得暴躁、易怒、抱怨一切事情，甚至认为社会对他不公平等。情绪方面：紧张、恐惧、怕见人、情绪低落或不稳、表面平静但眼神游离。言语方面：沉默少语、或言语本身带来特定意义令人费解，如打听什么方式自杀没有痛苦、直接询问哪种药物吃多少会死、活着不如死了等。行为方面：躲避人、对关心他的人采取回避的态度、呆坐沉思、麻木。其他方面：失眠、食欲食量变化、做事注意力不集中、工作、学习能力下降，严重者出现自杀、药物滥用等。

③有强烈而频繁的自伤或伤人观念。

④表达过自伤或伤人计划，讨论过自伤或伤人方式。直接给别人说：我想死、我不想活了。间接给别人说：我所有的问题马上就要结束了、现在没有人可以帮助我、没有我，他们会过得更好、我再也受不了了、我的生活毫无意义。谈论与自杀有关的事或开自杀方面的玩笑，谈论自杀计划，包括自杀方法、日期和地点，谈论一些易获得的自杀工具。

⑤有自伤或伤人的苗头或具体的行为。

⑥有自杀未遂史。

3.应对心理危机的有效策略

美国作家欧·亨利在他的小说《最后一片叶子》里讲述了这样一个故事：一个生命垂危的女孩从房间里看见窗外的一棵树，树叶正在秋风中一片片地掉落下来。女孩望着眼前的萧萧落叶，身体也随之每况愈下，一天不如一天。她说：“当树叶全部掉光时，我也就要死了。”一位老画家得知后，用彩笔画了一片叶脉青翠的树叶挂在了这棵树上。最后的这片“叶子”始终没掉下来。正因为生命中的这片绿，女孩竟奇迹般地活了下来。

(1)自我应对。大学生要学会审视自己的生命观，审视情绪，找回理智，重新出发。进行情绪管理是转化危机的关键一步，检查和反省在遭遇刺激事件后，我们的情绪与认知是否存在问题，待情绪稳定，认识清楚，最后就是要付诸行动。

应对的措施有：①倾诉、宣泄、与更糟的情况相比较；②寻找安全的地方；

③把注意力放在自己能做、喜欢做的事情上；④充分认识其自身的资源；⑤寻求社会支持；⑥发现该事件对自己生命的意义；⑦躯体锻炼（有氧运动）；⑧体验大自然（旅行）；⑨有用的放松技术（肌肉放松、深呼吸、想象放松）；⑩积极主动求助。

(2)朋辈互助。大学生朋辈心理辅导是高校心理健康教育部门通过培训和督导一批志愿者从事心理援助工作的学生，在心理辅导基本原则的指导下，对周围需要心理帮助的同学给予心理开导、安慰和支持，提供一种具有心理辅导功能的服务。加拿大的朋辈辅导中心认为："对于某些当事人以及他们所关心的问题的某些方面而言，由受过训练、掌握了积极倾听技巧的同伴志愿者所提供的帮助是最为有效的。"朋辈互助是专业心理咨询的重要补充，有利于满足大学生多层次心理援助的需要，有利于提高学生心理自助与互助的意识与能力。

《高等学校学生心理健康教育指导纲要》中提出：健全心理危机预防和快速反应机制，建立学校、院系、班级、宿舍"四级"预警防控体系，完善心理危机干预工作预案，做好对心理危机学生的跟踪服务，注重做好特殊时期、不同季节的心理危机预防与干预工作，定期开展案例督导和个案研讨，不断提高心理危机预防干预专业水平。《教育部办公厅关于加强学生心理健康管理工作的通知》中提出：高校要健全完善"学校—院系—班级—宿舍/个人"四级预警网络，依托班级心理委员、学生党团骨干、学生寝室室长等群体，重点关注学生是否遭遇重大变故、重大挫折及出现明显异常等情况。

在高校心理健康教育工作网络中，心理委员有着显著的朋辈辅导优势：一是没有地位差异，没有代际差距，被接纳程度高，减少建立关系时间；二是生活在学生之中，遍及校园，能及时、真实而广泛而地了解学生中的心理危机信息；三是了解与理解同学的心理困惑与心理感受，容易觉察、抓住与理解同学的语言与非语言线索的含义；四是经过系统的专业课程培训，同理心、共情力得到良好的唤起与提升，自我得到很好的成长。

心理委员在心理辅导中需做到尊重、理解、真诚、共情、温暖，需要做到观察细致报危情。针对精神病性心理问题的学生，处理策略必须周密而慎重，保证当事人及周围人群的安全，24小时看守，以避免意外事件；协助辅导员联系其监护人，及时送医院治疗；对其应理解、关怀、帮助，不应歧视、厌恶、冷淡。针对非精神病性心理问题的学生，一般需要建议其寻求专业心理咨询和心理治疗，必要时辅之于药物治疗才能取得成效，需要注意的是，神经症的结论必须由专业人员来做出。心理委员应给予这些同学以充分的理解和帮助，既要关心又不能过分关注。针对一般心理问题的学生，其主要表现为入学适应、学习问题、人际交往、恋爱情感问题、对自我的认同与接纳、经济困难、择业就业、家庭问题等。心理委员需要接触沟通、理解倾听、关心支持，帮助其疏泄情绪、澄清问题、寻找原因、指导帮助、调整认知，协助解决实际问题等为主，必要时可以建议同学寻求专业的心理咨询。

心理委员朋辈辅导的工作载体包括：①心理宣传主题班会、心理宣传专栏；②心理电影赏析、心理剧；③心理卫生知识推送；④心理沙龙；⑤心理拓展训练活动；⑥个别心理辅导。

(3)专业帮助。心理咨询是心理咨询师协助求助者解决心理问题的过程。主要指通过心理学理论指导和技术应用的临床干预措施来进行，心理咨询不包括药物的使用。“帮助求助者解决心理问题”的含义有二：其一，咨询关系是“求”和“帮”的关系；其二，帮助求助者解决的问题，只能是心理问题，或由心理问题引发的行为问题或躯体症状。除此之外，咨询师不帮助求助者解决任何生活中的具体问题。

心理咨询的对象：精神正常，遇到了与心理有关的现实问题并请求帮助的人群；精神正常，心理健康水平较低，产生心理障碍导致无法正常学习、工作、生活并请求帮助的人群；特殊对象，即临床治愈或潜伏期的精神病患者。具体帮助内容如下。

①确定问题，专业人员确定求助者所处的状态和存在的问题。

②保证求助者安全，专业人员会不断对求助者进行自杀或他伤的危险性评估。

③给予支持，始终提供这样一种机会，让我们相信“这里有一个人确实很关心我们”。

④探索可变通的解决方法，专业人员会帮助求助者认识到有一些变通的应对方式可供选择，帮助我们探索自己可利用的解决方法。

⑤制订计划，专业人员会在求助者的主导之下，协助制订行动计划来纠正求助者情绪的失衡状态。

⑥得到承诺，为了确保计划落实，专业人员会要求我们签订承诺。

三、小结

(1)顺利完成计划内容，达到预期目标。学生了解了心理危机的概念及分类，学习了心理危机的识别方法，掌握了心理危机的有效应对策略，从思想上更加深入理解了社会主义核心价值观。同学们需要在以后日常生活中结合实际情况，选择合适的方式方法，将所学理论知识应用到实践中，学会助人自助。

（2）内容主次安排得当，重点和难点突出，时间分配合理恰当，每个环节衔接顺利，环环相扣。需要了解的内容是心理危机的概念及分类。需要掌握的重要内容是心理危机的识别方法及有效应对策略。需要从思想上深刻认识和升华的内容是社会主义核心价值观。

（3）讲授方式方法灵活多样，师生互动情况良好，学生积极参与互动，积极参与讨论。讨论法、案例法等方法能有效提高学生的学习兴趣，提升学习效果。

下篇

高校辅导员实践工作中的思考与探讨

新时代大学生思想特点、心理特点与行为规律的分析与研究

“一带一路”倡议的提出为我国和共建国家的发展带来新的机遇和挑战。非通用语种专业的大学生是我国实施“一带一路”倡议的重要人才力量，也是我国紧缺的人才。新时代背景下，开展非通用语种大学生思想特点、心理特点和行为规律研究关系到非通用语种人才健康成长成才。思想政治教育工作者应遵循大学生身心发展特点与规律开展思想政治教育工作。

一、研究设计

(一)研究对象

以某大学893名大学生为总的样本容量，采取学生自愿填写问卷的调查方式，以非通用语种专业大一、大二、大三、大四本科生为调查对象。以问卷星为调查平台，本次调查共计收回问卷353份，有效问卷353份，有效率为100%。调查样本基本情况见表1。

表1　调查样本分类汇总

项目		人数	占比
性别	男	79	22.38%
	女	274	77.62%
年级	大一	171	48.44%
	大二	82	23.23%
	大三	45	12.75%
	大四	55	15.58%

(二)调查问卷

调查问卷内容由3部分组成，包括思想特点、心理特点、行为规律。

(三)调查问卷发放与回收

调查问卷编制完成后采用自愿填写的方式进行数据采集，累计 2 天完成了调查问卷收集。

(四)数据统计与分析

本研究运用在线数据统计工具(SPSSAU)进行数据分析与整理，运用 Excel 进行图表制作。

二、新时代大学生思想特点、心理特点及行为规律分析

(一)思想特点方面

1. 理想信念坚定，但功利性强

91.50%的同学认为坚定的理想信念对个人生活非常重要，82.43%的同学遇到困难和挫折时，会坚持理想，迎难而上。关于入党意愿(图 1)，59.49%的同学会努力争取加入中国共产党，28.33%的同学想加入中国共产党，但觉得自己还不够合格，7.65%的同学没想过加入中国共产党。调查发现，不同年级具有显著性差异，大四学生入党意愿最强烈，大一学生入党意愿最低；男生的入党意愿显著高于女生。关于入党动机(图 2)，42.21%同学的入党动机是"为人民服务，打算为共产主义奋斗终身"，37.11%同学的入党动机为"加入党组织以提升自己的能力"，14.73%同学的入党动机为"可能对自己以后的就业等有帮助"，5.95%的同学不想加入中国共产党。调查发现，大学生具有坚定的理想信念，积极向党组织靠拢，不同年级、不同性别学生的入党意愿存在显著差异。同时，部分非通用语种大学生入党动机不端正，带有较强的功利色彩，需要思想政治教育工作者做进一步教育引导。

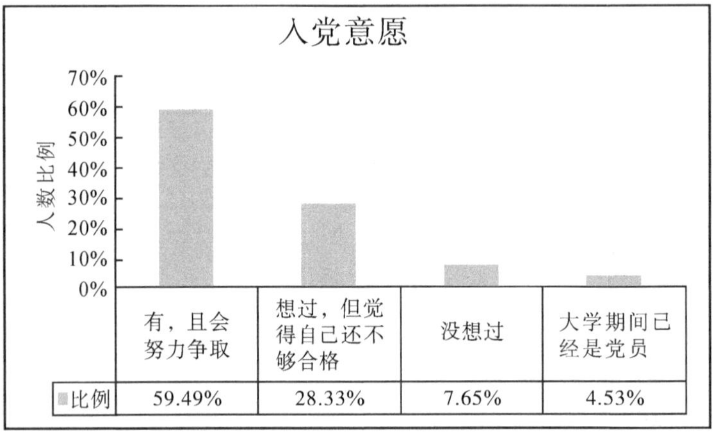

图 1　入党意愿人数比例

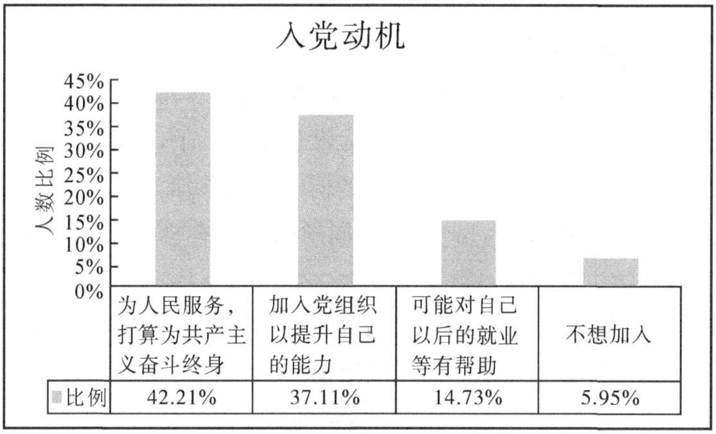

图 2　入党动机人数比例

2. 政治意识较强，具有文化自信

64.87％的同学非常关心时事政治，男生较女生更关心时事政治，性别差异显著。仅有 23.23％的同学非常熟悉和了解社会主义核心价值观，可见大学生的政治理论水平还需进一步提高。关于“对我国文化的态度”(图 3)，81.30％的同学非常认可，17.28％的同学比较认可，1.42％的同学认可度一般。非通用语种专业学生在大学期间会到所学语言对象国留学至少 1 年，学生对我国优秀传统文化、革命文化、社会主义先进文化持自信态度，可以在留学期间将我国的文化传播到“一带一路”共建国家，加深对象国对我国文化的认知与了解，也可以增加学生的爱国热情与自豪感。

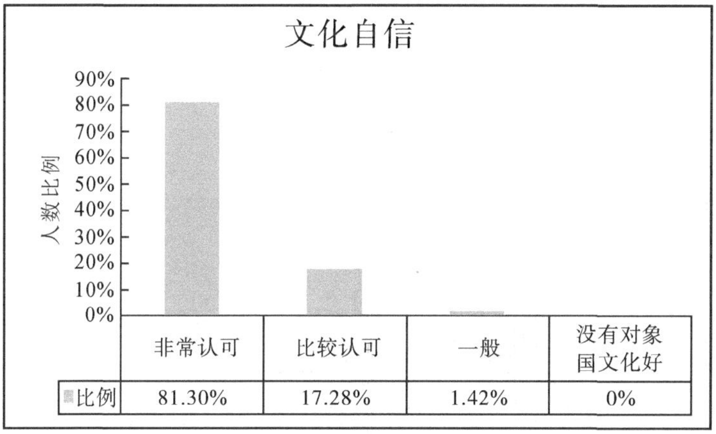

图 3　对我国文化的态度

3. 诚信意识高，社会责任感欠缺

道德修养着重考虑了诚信和社会责任感两个因素。关于对考试作弊的看法(图 4)，96.03%同学反对作弊，1.98%同学认为作弊总比补考好，1.13%同学认为为了高分可以理解，0.85%同学认为没什么大不了，我也干过。关于“是否参加过志愿服务活动”(图 5)，25.50%的同学经常参加，55.81%的同学偶尔参加，4.53%的同学从不参加，14.16%的同学认为没有机会参加，不同年级呈现显著差异，大一学生参加志愿活动多于大二和大四学生。以上数据表明大学生拥有较好的诚信意识，但社会责任感有待进一步提高，也需要学校和社会各界搭建更多平台，引导学生参加志愿服务活动。

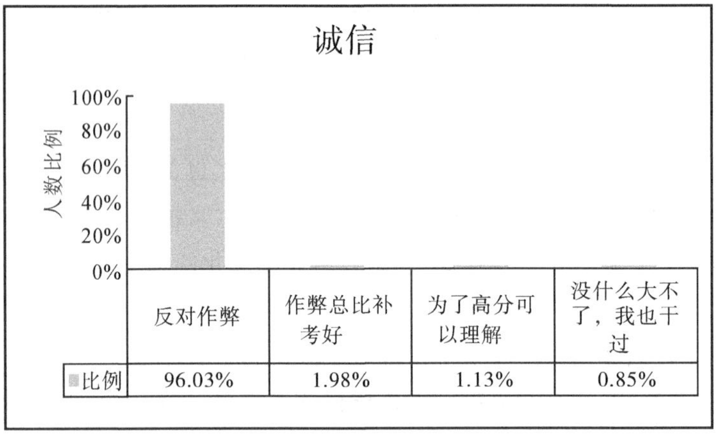

图 4　对考试作弊看法

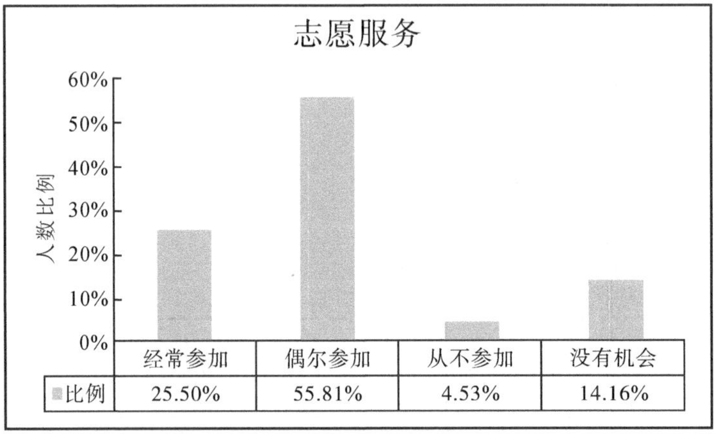

图 5　参加志愿服务活动人数比例

(二)心理特点方面

1.心理压力大,主要来自学习困扰、就业和自身前途问题

对"近一个月是否经常感到焦虑不安",25.78%的同学选择经常,63.46%的同学选择偶尔,10.76%的同学选择没有(图6)。调查发现,大一学生焦虑程度显著高于大二、大三、大四学生。关于"您认为自己目前压力大吗"(图7),14.16%的同学认为很大,40.79%认为较大,41.36%认为一般,3.40%认为较小,0.28%认为没有压力。调查发现,大一学生压力显著大于大二、大三、大四学生。通过调研分析,大学生压力来自学习困扰、人际关系问题、经济压力、就业和自身前途问题、情绪情感问题、家庭问题、适应问题、身体健康问题、恋爱与性等方面,其中,选择学习困扰的同学占81.02%,选择就业和自身前途问题的同学占66.57%,表明非通用语种的同学对专业学习和就业较为关注,但需要注意的是,要引导学生正确应对压力,适当的压力可以激起学生们的学习热情,转变为促进学生学习的动力,但是压力超过自身所能承受的范围后,会带来负面情绪,影响学生的学习效率。

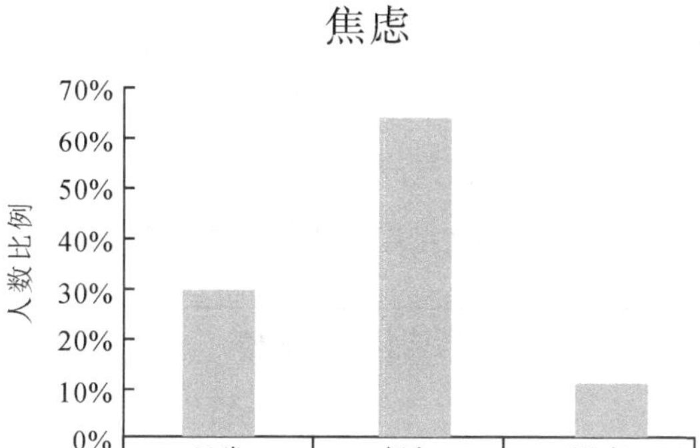

	经常	偶尔	没有
比例	25.78%	63.46%	10.76%

图6 对自身焦虑情绪的评估

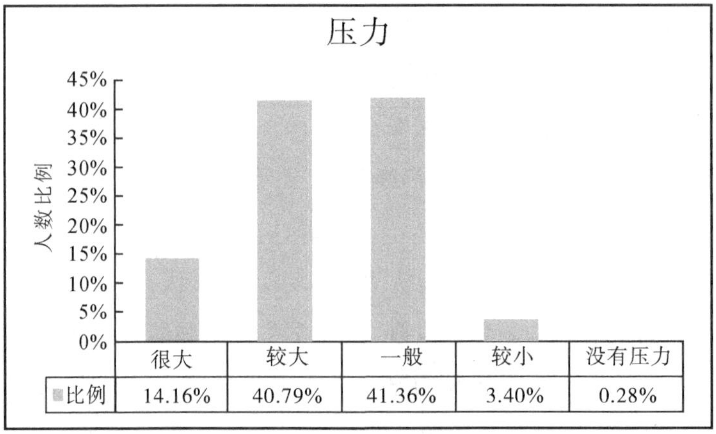

图 7　对自身压力评估

2. 学习状态较好，但缺乏学业、职业规划

对“自身学习状态的评价”（图 8），69.69%的同学选择忙碌却很充实，18.98%的同学选择自由但无收获，9.92%的同学选择诱惑太多，无法静心学习，1.42%的同学选择不想学习，只想玩。调查发现，大二、大三、大四的学生对自身学习状态的评价显著高于大一。关于“对自己的未来是否有规划”（图 9），12.46%的同学选择有并且很清晰，58.92%的同学选择有但不清晰，26.06%的同学选择没有且很迷茫，2.55%的同学选择没有且不想规划。调查发现，大一与大二存在显著差异，大二学生有更清晰的规划。应引导学生认识规划的重要性和必要性，并引导学生以科学的方式方法规划大学生活、规划职业生涯。

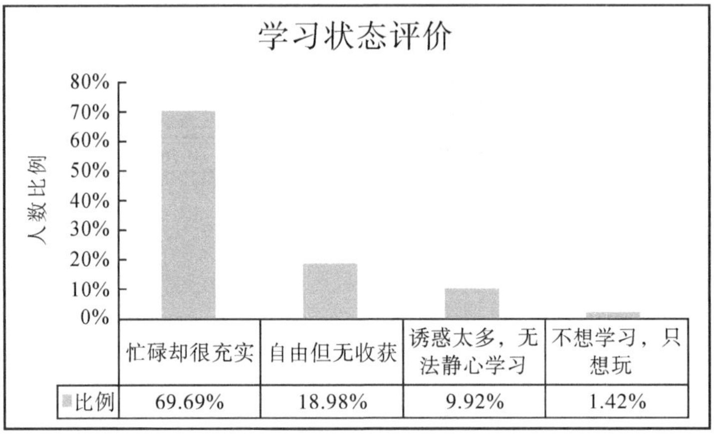

图 8　对自身学习状态评价

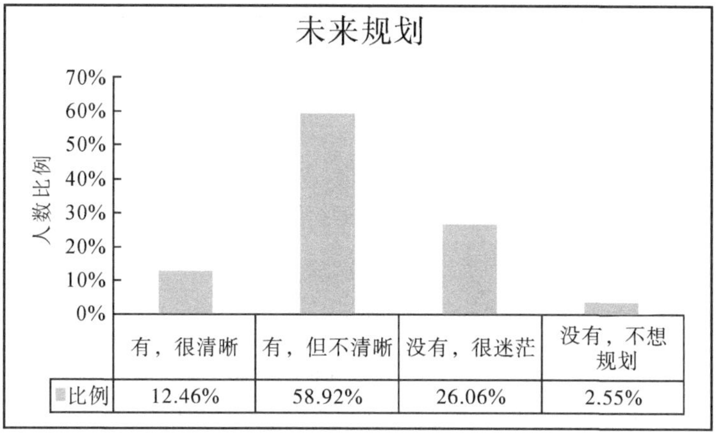

图 9　规划未来人数比例

3. 自信心缺乏，自我意识不稳定

关于“自信心如何”(图 10)，17.28%的学生认为强，56.66%认为较强，23.80%认为较差，2.27%认为差。调查发现，男生自信心显著高于女生。关于“对专业未来就业是否有信心”(图 11)，34.84%的同学选择很有信心，59.49%的同学选择信心不足，5.67%的同学选择没有信心，大四学生就业信心显著高于大一学生。调查发现，男生的就业自信心显著高于女生。大学生正处于自我意识逐步趋于稳定的阶段，当现实自我和理想信念出现矛盾和冲突时，需要学生在客观认识自己的基础上，在不断地学习与实践中锻炼自己，体会成长；也需要在一次次成功与失败的经历中总结经验，提升自我效能感。

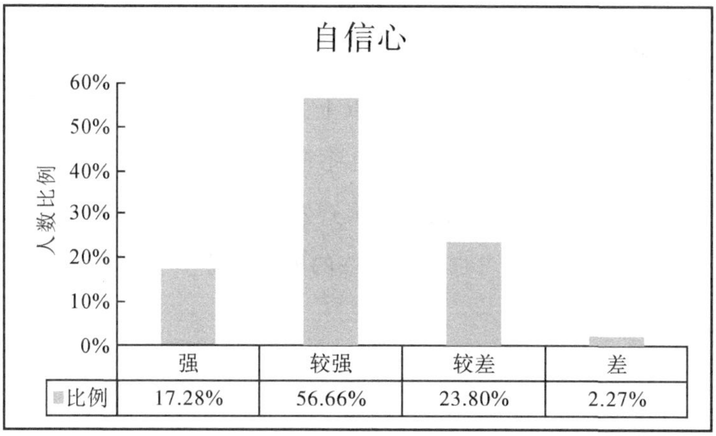

图 10　自信心自评

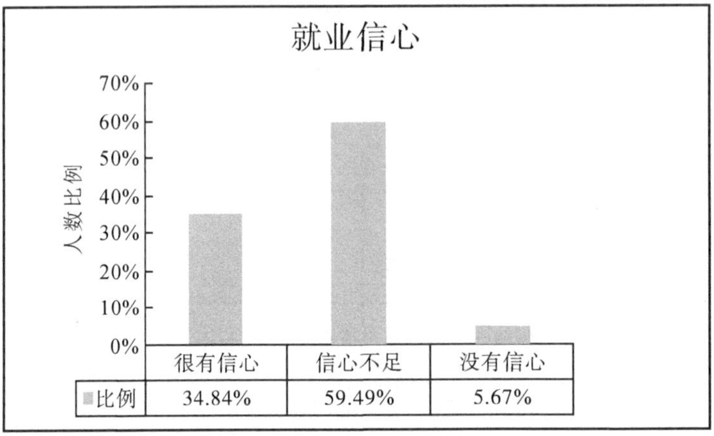

图 11　就业信心自评

4. 对心理咨询存在认知偏差

调查显示，当学习和生活中出现心理问题时，40.23％的同学不会去学校心理健康教育中心寻求帮助，问及原因，主要有担心自己的隐私泄露、社会上对心理咨询存在偏见、进行心理咨询没用等。调查发现，大一与大二、大三、大四学生有显著差异，大一不会去心理中心的学生所占比例较高。因此，高校要扩大心理健康教育知识普及范围，特别是针对大一新生，更加完善课堂教学、课外活动、心理咨询、预防干预和平台保障“五位一体”育人模式，引导学生正确认识心理咨询及其作用。

(三)行为规律方面

1. 体育锻炼缺乏

每周用于体育活动的时间 2 小时以上的学生占 39.94％，1 小时至 2 小时占33.14％，少于 1 小时的占 18.70％，几乎没有的占 8.22％(图 12)。可以看出学生用于体育锻炼的时间整体偏少。调查发现，大一、大二学生参加体育锻炼时间显著多于大四学生，且参加体育锻炼的男生显著多于女生。

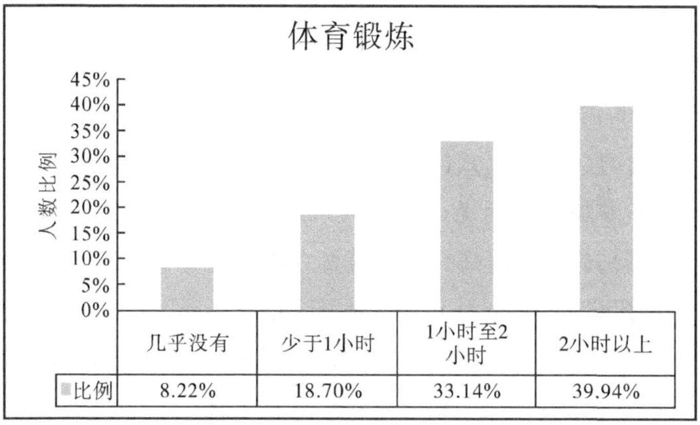

图12 参加体育锻炼人数比例

2.主动应对压力,对人际关系认可度较高

当感到自己遇到困难或有心理压力时,66.01%的同学会向亲戚、朋友、同学倾诉,41.36%的同学会主动查看书籍资料的相关知识,33.99%的同学会通过运动释放压力,30.59%会通过写日记宣泄不良情绪,还有参加文体活动、向专业机构求助、向老师求助等。说明同学们能够根据自身特点,选择适合自己的方式释放压力。关于个人目前人际关系的认可程度(图13),15.86%的同学十分满意,56.66%的同学比较满意,22.66%的同学选择一般,4.82%的同学选择不满意。可见,大学生对自己的人际关系整体认可度较高,人际关系是大学生活的一门必修课,需要大学生在实际活动中不断提高人际交往和沟通能力,学会站在对方的角度考虑问题,理解对方,变被动为主动,共同营造和谐稳定的人际关系环境。

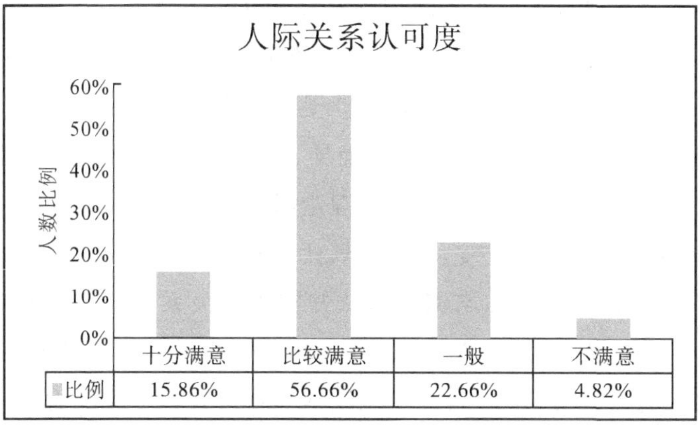

图13 人际关系认可度自评

3.业余生活多元化，学习自主性有待进一步提高

大学生除了上课时间，有较多的可供自由支配的空闲时间。非通用语种大学生经常做的事情比例由高到低依次为看电影听音乐(81.59%)、上网(69.97%)、上自习(61.19%)、阅读书刊报纸(49.86%)、睡觉(47.31%)、去图书馆(39.09%)、参加体育活动(36.26%)、组织参加校园活动(35.41%)、逛商场购物(30.31%)、旅游(29.46%)、做兼职(18.41%)、谈恋爱约会(9.63%)、去KTV酒吧等娱乐场所(6.52%)、请客吃饭(6.23%)。可以看出非通用语种大学生业余时间生活丰富，但看电影听音乐、上网所占比例较高，还需要进一步教育引导，在劳逸结合的基础上，需要提高学习自主性。

三、新时代大学生的思想特点、心理特点及行为规律引导策略

1.加强思想政治教育和心理健康教育的有机结合

心理健康教育是提高大学生心理素质、促进其身心健康和谐发展的教育，是高校人才培养体系的重要组成部分，也是高校思想政治工作的重要内容。当代大学生遇到的问题多是思想问题和心理问题相互混杂的，作为思想政治教育工作者，应该不断加强心理健康教育知识的学习，了解学生心理发展规律，善于发现学生问题的本质，明确学生的问题属于心理问题还是思想问题，需要转介至心理健康教育中心的学生要及时转介。同时，思想政治教育工作者可以运用心理健康教育中的尊重、倾听、共情等心理咨询技巧，在教育中引导学生心灵成长。

2.结合大学生思想、心理行为特点设置思想政治教育内容

从大学生的思想和生活实际出发，重新设置思想政治教育的内容和教学方式，以适应学生发展需求。在不断加强马克思主义基本理论教育的基础上，采用讨论、辩论、案例分析、情景设置、线上+线下等互动教学方式，开展课外学习和社会实践活动等丰富教学方式和内容，也可以增加心理健康教育、国际国内重大形势及热点问题解析、励志、考试辅导、就业辅导、人文素质等多方面的学生感兴趣的内容和话题，增强思想政治理论课程的实效性和丰富性。

3.注重提升学生综合素质，培养积极健康的心理品质

大学生的思想行为特点与其心理认知有重要关系。教育引导学生学会客观、适当地审视自己，学会悦纳自己。注重培养学生学习科研能力、组织领导能力、社会实践能力、心理调适能力、创新创业能力、人际交往能力、国际视野、社会责任感、思想道德素质等多方面能力与素质，引导学生在学习与实践中不断

成长，不断提升自信心，能够勇敢地面对困难与挫折，提升抗压能力。

4.以喜闻乐见的方式丰富校园文化活动

校园文化活动对大学生的成长成才具有重要的促进作用。鼓励引导学生积极参与到课外活动中，结合学生特点，开展党团知识“一战到底”竞赛、暑期三下乡活动、热点主题辩论赛、超级演说家等活动，一方面锻炼学生的综合素质与能力，另一方面丰富学生的精神世界，转移注意力，宣泄压力和不良情绪，让学生体会充实而忙碌的大学生活，在实践活动中增强自我效能感、集体荣誉感和社会责任感。

四、总结

本研究通过问卷调查的方式对大学生的思想特点、心理特点和行为规律进行了调查研究，结果显示：针对大一新生，需要进一步加强理想信念教育、心理健康教育、学业规划与职业规划教育、自我认知教育等；针对其他高年级学生，特别是大四准毕业生，需要进一步加强入党动机教育、道德修养教育、体育锻炼引导等。以上结论对大学生思想政治教育和心理健康教育有一定指导意义，可以更有针对性地帮助学生解决思想问题和实际问题。大学生的思想特点、心理特点及行为规律会随着时代的发展而不断发生变化，思想政治教育工作者需要在工作实践与研究中不断发现规律、总结规律，遵循学生的成长规律开展工作。

基于创新人才培养的学生工作机制分析与研究

创新是一个国家和民族永葆生机活力，能够屹立于世界民族之林的不竭动力。大学作为一个知识相对集中、人才素质普遍较高的集体，对国家的创新能力的提升具有举足轻重的作用。大学生作为大学的主体，也是国家和民族的人才资源，其创新能力的高低在很大程度上决定了国家未来的创新力和竞争力。高校学生工作以服务大学生为核心，基本涵盖了大学生在学校学习生活的各个方面。高校学生工作的成效直接关系着大学生创新能力的水平，只有紧跟时代发展步伐，尊重学生成长规律，改进学生工作理念，不断创新工作方法，才能更好地培养出于社会国家进步有益的优秀人才。近年来，学校不断改进学生工作理念，多渠道整合教育资源，积极搭建成才平台，努力营造创新氛围，不断激发大学生创新能力，为大学创新型人才培养打下了坚实基础，形成了别具一格的人才培养模式，极大地增强了大学生的创新能力和社会竞争力。

一、创新人才培养中学生工作的作用

高校是培养创新型人才的摇篮，是建设创新型国家战略实施过程中的重要组成部分。高校学生工作内容丰富，具体包括学生的思想政治教育、党团和班级建设管理、学业规划指导、日常事务管理、心理健康教育与咨询、网络思想政治教育、职业规划与就业指导等。高校学生工作在培养大学生创新能力中发挥着不可忽视的作用。

1. 学生工作为创新人才的培养提供思想保障

大学作为学生进入社会前的最后一步，一方面肩负着教育、培养学生的重任，另一方面也是对接社会发展的重要一环。这对学生思想工作提出了严峻挑战，既要使学生树立崇高的理想信念，也要使学生有勇气接受现实的考验。正是认识到这一严峻挑战，高校普遍把学生的思想教育作为学生工作的一项重要内容，只有思想上清醒了，才能确保行动上的准确。在思想教育中有意地加入国家对创新的政策投入、社会对创新的极大需求和创新对个人的发展影响等内容,使学生从思想上认识到创新的重要性,从而为创新人才培养提供坚强的思想保证。

2.学生工作为创新人才的培养提供技术保障

在教学工作中发现,许多学生思路比较开阔,也能提出一些很有创意的想法,但以学生所具有的资源去实现这些创意的想法会比较困难,这就需要一定的专业引导和必要的设备保障。学校是一个教育资源相对集中的地方,各种设施比较完备,这为学生实现许多创新想法提供了一个良好的技术平台。再加上许多教师从事相关专业的工作已经多年,对此专业的前沿知识掌握较多,学生的创新想法加上教师的正确引导,无疑会使许多创意能够顺利实现。在学生工作中,通过及时收集、全程跟踪了解学生的创意想法,在学生遇到难题时及时联系相应的教师,并提供专业的设备,从而为学生的创意实现提供充分的技术保障。

3.学生工作为创新人才的培养提供环境保障

环境对一个人的影响是不言而喻的,在创新人才培养上也同样需要一个良好的环境保障。学生身处创新的环境氛围中,也能够极大地促进学生开动脑筋,拓展思路,去挖掘一些创意想法。在学生工作中,社会实践、创意大赛、文化节、辩论赛等校园文化建设等活动,有许多学生参与其中。若是在活动中有针对性地提高创意水平,加入一些前沿科技,必然能够吸引学生注意力,促使学生积极思考。"第二课堂"建设是学生工作的一项重要内容,在"第二课堂"经常鼓励学生大胆创新,经常交流,积极实践,营造良好的创新氛围。学生每天学习生活都在富有创意的环境中,对其创新思维必然会产生积极的影响。

二、创新人才培养的学生工作理念

1.树立以生为本理念,激发学生创新潜能

传统的学生工作中,学生作为教育管理的对象,是被动的角色定位,这对学生自主思考,培养创新思维是不利的。要培养学生的创新思维,就要把学生放在主体地位,树立以学生为本的理念,在工作中充分考虑学生的主观能动性,鼓励学生提出问题,对传统观念进行大胆质疑。在日常管理中,要积极教育、引导学生进行自我管理、自我教育,给学生合适的自由空间,学生从自我教育管理中不断积累经验。在学生会、社团等活动中,激励学生创新,鼓励学生组织参加富有外语外贸专业特色的活动,引导学生主动思考、撰写活动方案、组织活动开展、总结活动、优化活动方案,发挥学生自主能动性,培养创新素养和能力。

2.更新教育理念,注重学生个性发展

培养创新人才要注重学生创新精神和创新能力的培养,创新精神就是独立思考、理性质疑精神,创新能力就是探索未知用于创造的能力。传统教育理念在学生工作中一味强调统一行动,强迫学生在思想和行动上都保持一致、整齐划一,不考虑学生的个体差异,久而久之学生也只是表面统一,内心却会产生抱怨情绪,不利于学生的发展。正如世上没有两片完全相同的树叶,每个学生都有自己的个性。这就要求在教育中要尊重学生的个性,尊重个性就是求异的过程,是在继承普遍知识上的发展、变革和创造。只有尊重学生的个性需求,根据学生的个性量体裁衣,选择适合他的发展道路,设计适合他的路线,因材施教,才能更大地激发学生的内在潜质,激发学生在自己擅长的领域去创新。

三、创新人才培养的学生工作体系

1.不断提高学生工作队伍职业化、专业化水平

学生工作队伍是学生工作的组织者、引导者和实施者,对学生学习生活的影响是不言而喻的。一个有思想、有能力、有素质的学生工作队伍,能够极大地提高创新人才培养水平,因此打造一支职业化、专业化的学生工作队伍是必不可少的。一方面要加强对《辅导员职业能力标准(试行)》和《普通高等学校辅导员队伍建设规定》等文件、规定的学习,用标准和规定去约束规范学生工作队伍;另一方面,要建立完善考评机制,将学生评价作为考评的一项重要内容,从而激励学生工作队伍为学生服务的理念,不断提高工作水平,为创新人才的培养提供强有力的支持。

2.构建多层次大学生创新实践工作体系

引导大学生结合外语外贸专业特点开展文化类、竞赛类、实践类活动,使学生在活动过程中增强专业认识、培养创新意识。构建由年级、学院、学校三个层面相结合的创新实践工作体系。在年级层面,动员学生积极参与创新实践活动,营造良好的创新环境。在学院层面,开展东方文明大讲堂、多语种演讲大赛、多语种诗朗诵、文化沙龙、“一带一路”国家文化节等活动,培养学生的口语表达和创新思维,提升大学生学术交流能力。在学校层面,以大学生创新创业训练计划项目为依托,引导学生组建创新团队,自主开展创新实践活动,并组织学生积极参与国家各类竞赛活动,拓宽学生专业视野,实现大学生创新活动全覆盖,激发学生参与创新实践活动的热情,不断增强创新意识和创新能力。

3.构建分阶段大学生创新实践工作体系

创新实践工作体系也有其阶段性特征，可以大致分为激发创新思维阶段、培育创新能力阶段、养成创新习惯阶段。大学生第一学年刚从高中毕业，对大学的生活充满兴趣，正是激发创新思维的黄金时间，这时一方面要使学生扎实学好专业知识，打下坚实的知识基础；另一方面，要培养学生主动思考的意识，渐渐激发学生创新思维。第二、三学年，大学生对专业知识有一定的积累后，就可以着重培育学生的创新能力，鼓励学生把所学的知识用到实践中去，提高工作效率。第四学年，学生不仅有扎实的专业基础，也积累了许多创新工作经验，这时就需要养成创新习惯，在工作生活中时时思考创新方法，成为一个于社会发展有益的创新人才。

四、创新人才培养的学生工作方法

1.用思想政治教育引领学生成长

大学生的思想政治教育，是学校教书育人的中心环节，要把思想政治教育放在高校各项工作的首要位置。《中共中央 国务院关于进一步加强和改进大学生思想政治教育的意见》(中发[2004]16 号文件)明确指出："广大教师要以高度负责的态度，率先垂范、言传身教，以良好的思想、道德、品质和人格给大学生以潜移默化的影响。要把思想政治教育融入大学生专业学习的各个环节，渗透到教学、科研和社会服务各个方面。"特别是在当今社会背景下，社会不良风气弥漫，自由主义、拜金主义等随时都可能侵蚀大学生的政治信仰、理想信念和价值取向，若放松了思想政治教育，大学生就可能陷入迷茫，对未来人生不自信，甚至对社会出现反叛情绪。因此要不断加强大学生的思想政治教育，根据社会发展新形势，学生思想新特点，与时俱进开展针对性的教育，切忌照本宣科，要鼓励学生勇敢地提出疑问，然后去分析探讨，最终找到正确答案。正所谓真理越辩越明，要让学生在思考中感受到真理的力量，达到真学、真懂、真信、真用。

2.将创新人才培养与心理健康教育相结合

创新不是一蹴而就的，会遇到许多挫折、困难和压力，这会影响学生的心理健康，有些甚至会留下心理阴影，不愿再去挑战未知。因此，要把心理健康教育与创新人才培养结合起来，当学生遇到挫折时为其提供专业的心理咨询和服务指导，帮助学生缓解心理压力，克服失败情绪，帮助学生养成创新人才所必需的特质，如乐观、勇敢、坚持等。

3.组织开展激发创新性的"第二课堂"活动

通过开展丰富多彩的社会实践、志愿服务、校园文化等"第二课堂"活动激发学生的创新激情是高校学生工作实现对学生创新意识培养和创新能力提升的重要依托。为了鼓励学生积极进行创新，学校每年都可以举办大学生论文评选、创意大赛等活动，对优秀论文、创意设计进行展评，对表现优秀的学生进行实质性奖励，如加学分、保研加分等，通过奖励不断激发学生的创新意识，使学生能积极投身到创新活动中去。同时，可以通过课外实践活动、"互联网＋"等创新竞赛来激发学生的创新热情，学生在活动中能够增强动手操作能力，为一些创意想法的实现积累经验；也可以召开一些研讨会，吸引学生参加，通过专题研讨和热点话题辩论，从而促进学生独立思考的能力。

4.构建大学生创新社会实践平台

社会实践是大学生思想政治教育的重要环节，对引导大学生了解社会、了解国情、增长才干、奉献社会、锻炼毅力、培养品格、增强社会责任感有重要的作用。大学生每年寒暑假时间较长，有大量时间可以进行社会实践锻炼。紧密结合外语外贸院校多语种专业特色，学校可以和地方政府、企业达成合作培养协议，搭建社会实践平台，在假期组织学生到相应单位进行实践锻炼，把自身所学应用到社会实践中，使学生在实践中积累经验、增长才干、增强社会责任感。经验表明，参加过社会实践的学生，在未来就业中也都表现得比较成熟，更能找到与自身能力素质相称的岗位。

五、小结

高校学生工作在大学生成长成才中扮演着重要角色，培养适应于国家和社会发展的创新型人才，高校学生工作应该紧紧围绕创新人才培养的教育理念，根据创新人才培养的工作体系，采用适合外语外贸类院校培养创新人才的方法和手段，为培养创新人才提供良好支撑与保障。

大学生常见心理压力源应对策略的分析与研究

压力，也称为应激，是指各种刺激作用于个体，使其生理或心理的内稳态受到干扰时，个体在多因素作用下出现的、努力维持内稳态稳定的过程。大学校园的人文环境、文化氛围、生活方式，大学老师的教学方式与方法，大学生的学习方法与目标与高中阶段有很大的区别，大学生由于身心发展尚未完全定型，自我调节和自制能力不强，复杂的自身问题和环境问题往往容易导致他们产生激烈的心理冲突，产生较大的心理压力。因此，本文在学生工作经验及查阅文献的基础上，对大学生的心理压力源及应对方式进行了总结分析，希望为提高大学生的心理健康水平提供帮助。

一、大学生心理压力源

1. 家庭经济困难方面的压力源

受出生在艰苦边远地区、父母下岗无经济来源、家庭中有危重病人、家庭遭受自然灾害或突发性灾难及单亲家庭等因素的影响，高校中存在部分家庭经济困难的学生，这部分学生无力支付或者难以支付昂贵的教育费用。大学生消费水平一年比一年高，这对来自贫困家庭的学生来说，是一项沉重的负担，他们注定要比周围人多一份来自经济上的考验。有些贫困生，感觉自己上大学，给父母家人造成了严重的经济负担，心里有负罪感。有些贫困生，因为经济困难，感觉自己比别人低一个档次，觉得别人看不起自己，有严重的自卑感。有些贫困生，因为贫困心理比较敏感，对别人一些话或者行为，容易往反方向去想，与人交往容易产生矛盾和压力。还有些学生因为沉重的经济负担，想通过自己努力挣钱减轻父母负担，但由于正处于学习阶段，没有赚钱能力，这又使他们产生了心理焦虑。调查显示，83.2%的家庭经济困难学生承认自己有心理压力，如果不能及时化解，长此以往，有些贫困生会形成严重的性格缺陷，一些心理脆弱的学生甚至会悲观绝望，走上极端的道路。

2. 人际关系方面的压力源

“90后”大学生大多是独生子女，从小在父母的呵护与溺爱中长大，可能未独立生活过，也可能未住过集体宿舍，一切以自我为中心，不顾及他人感受，缺乏与人交往的技能与技巧。由于来自不同地域，生活习惯与生活方式存在很大差异，这可能会不同程度地导致人际交往矛盾，其中，宿舍矛盾是现在大学生中普遍存在的现象。因此，人际交往技能是大学生活的一门必修课，需要学生通过课程学习、参加活动、担任学生干部等形式去领悟、去学习。同时，一些性格因素也会影响大学生的人际交往，如内向、冷漠、偏执、暴躁、易激怒等，由于性格不易转变，这会对大学生的人际交往造成更大的心理压力。

3. 情感方面的压力源

大学生正处于青春期，开始进入性成熟阶段，对与异性交往充满向往，许多大学生都希望在大学里能发生一段恋情，甚至希望能找到人生中的另一半。因此，谈恋爱在大学里是比较普遍的现象，但是大学生谈恋爱都充满浪漫主义色彩，对“爱”似懂非懂，容易靠一时冲动建立感情关系，有些甚至把简单的好感当成了爱情。事实证明，这样的感情关系都比较脆弱，一旦时间久了，曾经可以忽略的缺点就会被无限放大，从而产生矛盾或者移情别恋，这对双方或者某一方都可能产生严重的打击。加上大学生刚离开父母独自生活，没有经历过多少坎坷，心理承受力普遍比较脆弱，很容易造成心理压力。如果自我调整快，就会通过短暂的疗伤从痛苦、失望、伤心中摆脱出来。但有些学生会长期陷入失恋的痛苦，让他们变得消沉，对生活失去期望，有些甚至会产生报复或者自杀的想法。还有一些学生由于自身或者外界种种原因，在大学没有谈恋爱，如果周围谈恋爱学生较多，每天看着同学出双入对，这也容易给其造成一定的心理压力。感觉自己不如别人，得不到异性喜欢，开始怀疑自己。如果一直想不通，有些学生甚至会因此郁郁寡欢。

4. 家庭环境方面的压力源

有些学生的父母对学生期望过高，对学生学习要求过高，甚至有些求全责备，使学生没有一点自主性，这对学生心理产生了很大压力。部分学生父母的关系不好，家庭矛盾比较突出，学生经常夹在中间，压力较大。还有一些父母离异，学生缺少应有的父爱或者母爱，看到别人和父母幸福生活，心生羡慕，有些甚至会产生嫉妒情绪。一些学生父母亲人病故，学生要忍受失去亲人的痛苦。这些来自家庭的因素都会给学生带来极大的压力。一旦调节不好，可能会酿成悲剧。

5.学业方面的压力源

随着高校教育体制的改革，大学生只要修够相应学分就可以拿到毕业证和学位证。但是受奖学金评定、推荐入党、公派出国、就业、考研等现实问题的影响，大学生在学业方面存在很大的心理压力。主要表现在以下几方面：首先，大学生对所学习的专业不感兴趣。他们所学习的专业可能是高考时调剂的专业，也可能是当初填报高考志愿时对所学专业不太了解，入学后才发现自己对所选专业不感兴趣。兴趣是最好的老师，学生一旦对所学专业失去了兴趣，便会觉得学习是一件痛苦的事情，这会给他们的身心造成巨大的压力。其次，大学的管理模式、教学方式与方法、学习策略等与中学有很大区别，大学的学习相对来说比较轻松，学生可支配的自由时间较多，如果学生对自己要求不严格，没有掌握科学的、适合自己的学习方法，没有端正学习态度，没有完成从高中到大学的角色转变，这些都会增加学生在学业上的心理压力。另外，大学生除了专业课程的学习外，还要面临各类证书的考试。除了英语四六级、计算机、普通话等基本技能考试外，还有英语专四专八、小语种等级考试、会计上岗证、教师资格证、环评师、建造师、心理咨询师等专业性考试。学生需要花费大量的时间与精力上培训班或自学，可见，这些考证给学生带来的压力有时甚至超过了专业课学习。

6.就业方面的压力源

随着高等院校招生人数的不断扩大和就业市场人才需求的不断紧缩，“大学生就业难”已经成为一个不可避免的社会现实。随着近几年经济形势严峻，部分单位和企业招聘条件苛刻：要求985、211等重点本科院校毕业，要专业排名在前多少名，要大学四年成绩达到多少……这些要求使大学生不再满足于“60分万岁”的口号，在大学期间便忙于考各种证件、参加各种培训班，这给学生带来了严重压力。随着近几年毕业生人数不断增加，供需仍不匹配，许多大学生承受着毕业即失业的压力。如果这些在竞争中处于劣势的大学生不能够摆正心态的话，很容易产生极端情绪。

二、大学生自身对压力源的应对方式

1.提高自我效能感

自我效能感是指个体对自身能否完成某一任务或工作行为所具有的能力的判断和信念，它是由情景决定的能力知觉。个体的自我效能感越高，越能以积极的、有效的方式处理压力。大学生可以从以下几个方面提高自我效能感：

一是从自己以往成功的经验中提高自我效能感。可以总结回忆自己经历的一些具有挑战性的事情，最后通过自己努力达到了预期希望，鼓舞自己一定能战胜眼前的困难。二是通过自我暗示来提高自我效能感。每天起床时10分钟或者睡前10分钟，默默地告诉自己，自己一定能行，这样通过潜意识来激励自己成为理想中的样子。三是用榜样的力量来提高自我效能感。寻找一个自己周围有成功经验与自己条件相近的同学，以其为榜样，通过向其学习看齐，来提高自己战胜困难的勇气。

2.正确认识心理压力

根据压力的弹簧效应，压力越大，工作效率越高，但是当压力达到一个临界点之后，压力越大，工作效率就会越低。大学生要增强自己的实力，压力自然就变小了。人的一生分为好多阶段，每个阶段都有每个阶段的烦恼和压力，因此大学面对的这些压力只是人生道路上必然要面对的，在压力面前要保持平常心，将压力视为"纸老虎"，不能将压力视为洪水猛兽，不可战胜。当产生压力时，要学会采用积极的方式方法与态度去面对压力，将压力转化为动力，不断促进自己成长成才。当压力超过自己所能承受的范围时，也要学会自我调节，降低压力给身心带来的伤害。

3.采用积极的压力应对方式

积极的压力应对方式对大学生的身心健康和成长成才有很大的影响。"好心情来自好行动。"好多学生心里一直存在压力，但就是不采取行动去克服压力，压力就越来越大。因此要积极行动起来，将难题化解，将目标分小，一步步一点点地战胜困难。对一些自己积极努力也不能够解决或者本身就是无法改变的现象，一方面要寻求帮助，另一方面要善于劝慰和说服自己，时刻保持良好的心态，并不断增强心理健康意识，掌握自我调适的方法，用健康的方式来宣泄情绪，保持心理平衡。可以通过向好朋友倾诉、写日记、发表微信朋友圈或QQ状态等放方式将压力宣泄出去，也可以通过跑步、健身的方式进行放松，或者通过看书、唱歌、爬山等来转移注意力，使压力得到缓解。

三、高校帮助大学生应对压力的措施

1.落实家庭经济困难学生的资助工作

家庭经济困难学生是高校中比较特殊的一类群体，高校应加强对他们的世界观、人生观、价值观的正确引导，帮助他们抛弃类似于贫困很丢人、不光彩等错误观念。在保护学生自尊的同时，利用国家给予的贫困生资助政策，包括申请助学贷款、奖学金、助学金、困难补助、勤工助学等给予学生资助，并做好监督使这些资助切实落实到家庭经济困难学生身上。学校还可以和一些单位合作，专门设置一些适合学生的岗位，让学生利用业余时间通过自己劳动获得一些经济收入来补贴生活费用。这样既保护了学生自尊心，又能使学生体会到劳有所获的乐趣。

2.完善大学生心理健康教育体系

切实贯彻落实教育部下发的《普通高等学校学生心理健康教育课程教学基本要求》，根据大学生的心理发展特点和心理健康教育的需要，形成适合各自高校大学生心理健康教育的课程体系。大学生在学习相关心理健康教育课程的同时，高校心理健康教育工作者还可以定期针对不同的心理问题学生展开团队心理辅导、心理健康教育主题班会等活动，及时对心理问题学生进行压力疏导和心理健康教育，启发学生平衡心理压力。同时，学校应不断完善心理健康普查，建立心理咨询室，以便及时发现大学生心理问题，对重点学生建立档案，并定期做再测试，及时发现心理异常情况。

另外，学校可以组织开展丰富多彩的校园文化活动，根据学生存在的主要心理问题设计相应的活动内容与形式，引导他们积极参加，发挥特长，通过参加活动来释放他们的压力，缓解不适的情绪与心理状态，增加他们的自信心，使其逐渐融入集体生活。

总而言之，积极向上的校园环境，有助于学生改善和锻炼适应能力，拓宽视野，增强个体应对压力的信心和勇气，让每位学生都能健康发展。

3.帮助大学生做好学业规划和职业生涯规划

学业规划，是指个体为了明确人生学业发展道路，对学业所进行的统筹规划和合理安排。生涯规划是个体积极努力规划未来人生发展轨迹，结合个人的能力、性格、优势、劣势，做好合理安排，并不断优化目标实现的过程，以期达到预定的计划。职业是人最大的生涯，职业生涯规划就是实现职业上的规划，来实现人生目标。影响大学生就业成败的关键，就是要不断提高他们的专业素养与专业水平，不断提高他们的综合素质与能力，做好职业发展的长远规划。因此，生涯规划的正确与否影响着今后的人生发展走向，也影响着整个大学生涯质量的高低。

高校可以通过组织开展优秀毕业生公开课、新老生经验交流会、大学生职业生涯规划讲座等活动、开设大学生职业生涯规划教育课程，使大学生了解自己所学专业的概况。引导他们多向学长学姐了解学习与大学生活经验、就业方向和就业市场情况及招聘单位对相关专业人才的能力需求，为走向工作岗位做准备。大学生也要从勤工俭学、社团活动、社会实践、各类竞赛、公司实习、担任班干部等活动中锻炼自己独立自主、组织管理能力、决策能力、人际交往能力等。同时，要缓解大学生就业压力，高校还需要从引导大学生树立正确实际的就业观、强化就业平台设施建设、努力拓宽大学生就业渠道和就业空间、建立健全鼓励大学生创新创业的保障机制等四个方面着手。

四、结语

大学生的心理压力源多种多样，除了高校的教育引导外，大学生自身还要学会正确认识压力，积极应对压力，这对大学生学业生涯和职业生涯均具有不可忽视的作用。

微媒体环境下大学生心理健康教育创新机制的分析与研究

当今社会，网络信息技术日新月异、迅猛发展。人们曾经依赖的许多通信方式都已经成为过去时，取而代之的是微博、微信、抖音、小红书、QQ 等以“微”为显著特征的新兴媒体，人与人之间的交流变得迅速而快捷。这些微媒体不光是简单的通信技术，由于其自身具有发布、转发信息等功能，也具有信息传播速度快、信息内容丰富多样、参与广泛、互动性强等特点，所以其也成为信息的集散地。加之注册用户量巨大，导致其也已形成了一种以社交关系为基础的流行文化。大学生正处在青春期，对新事物充满好奇，微媒体对大学生的世界观、人生观、价值观更是产生了深远的影响。

现如今，因学业、就业、情感、家庭经济困难等原因，神经症（如焦虑症、抑郁症、强迫症、神经衰弱等）、功能性精神障碍（如精神分裂症、应激障碍等）等心理疾病在高校大学生中逐年呈增长趋势，而轻生、伤人、自虐等心理危机事件也屡见不鲜。这些现实事件向我们说明大学生的心理健康教育已经刻不容缓。作为高校心理健康教育工作者，要做好大学生心理健康教育，就必须加强对微媒体的研究使用，及时了解大学生身处的网络环境，掌握大学生的关注信息，根据其心理变化情况“对症下药”，增强心理健康教育工作方式方法的灵活性，不断提高心理健康教育的针对性和实效性。

一、微媒体的特点

在网络信息技术迅猛发展的今天，大学生获取信息的主要渠道便是网络，网络已经成为大学生生活中不可缺少的重要工具。手机是我国第一大上网终端，随着智能手机的兴起，以微博、微信、抖音、小红书、QQ 等为主要代表的微媒体时代已经到来。微媒体的主要特点如下。

1. 信息的大众性

在微媒体环境下，每一位拥有智能手机的人都可以拥有自己的微博、微信、抖音、小红书及 QQ 账号等，人们可以随时随地通过简短的文本信息、图片、音频和视频等形式来表达自己的心情感受，或者是对某一件事情的看法等，内容丰富多彩，信息接收者范围也比较广泛，只要是添加了好友关系，均可以获取对方相关的消息。与此同时，以微博、微信、抖音等为平台，也涌现出了关于各行各业的公众账号，如教育、餐饮、交通运输、医疗、新闻传媒等行业，覆盖面广泛而全面，大众可以根据自己的兴趣或者需要选择性接收信息，极大地提高了信息的传播效率。

2. 传播的及时性

随着互联网技术的应用与发展，微媒体的传播是网状的，它超越了时间、地域和电脑终端等的限制，每位手机网民都可以随时随地接收消息、发布消息。高校大学生可以根据自己的需求来选择获取文字、图片、视频、音频等信息，并且可以将自己感兴趣的新闻或文章、所见所闻等通过微博、微信、抖音、小红书及 QQ 等微媒体及时传播出去。高校心理健康工作者可以以好友的身份来及时了解学生的心理动态，做到及时发现问题，及时解决问题，极大地提高了心理健康教育工作的实效性。

3. 沟通的互动性

微媒体具有双向传播的特点，这种双向传播有助于信息发送者和接收者之间进行广泛深入、快捷直接的互动。高校心理健康教育工作者作为信息发送者，可以根据学生的心理状态或者存在的心理问题，发布相对应的教育课程或者有针对性的文章让学生自主学习。而大学生作为接收信息的一方，在查阅相关信息的同时，可以通过微博、微信、抖音、小红书及 QQ 等方式随时发表自己的看法或感受。在微媒体环境中，每个人既是信息传播者，也是信息的接受者，因此，高校心理健康教育工作者可以根据大学生的反馈，及时调整微媒体平台的内容、方式等，真正实现在微媒体平台上的互动性沟通。

4. 信息的共享性

随着微媒体的广泛应用，每位手机网民都可以通过微博、微信、抖音、小红书及 QQ 等平台获取新闻资讯、网络课程、好友动态等讯息。部门机构或者个体通过微媒体平台将信息传播出去，信息接收者可以通过接收终端快速地接收消息，及时了解情况。这种一对多的资源共享传播模式，不仅节约了资源，更增大了信息的受众面，提高了信息传播的效率。

二、微媒体对大学生心理健康教育工作提出了新挑战

随着高等院校招生人数的不断扩大和就业市场人才需求的不断紧缩，大学生在学习、就业等方面的竞争越来越激烈，再加上人际关系矛盾、恋爱等情感问题，大学生的身心承受着巨大的压力，这些压力不利于他们的心理健康发展。开展大学生心理健康教育已经势在必行，不仅有助于大学生成长成才，而且对维护校园安全、稳定、和谐有很重要的作用。但是，传统的大学生心理健康教育方式简单、途径单一。以心理健康教育课为主，对大学生进行普遍性的心理健康教育，这种教育方法存在明显缺点，就是教育课程的内容针对性不强，授课形式单一，仅注重理论的强行灌输，缺少实践环节。对少数可能存在心理健康隐患的学生由专职或兼职的心理咨询老师对其进行心理咨询，这种方式也存在一定的局限性，一是很难做到全员覆盖，二是许多学生很难做到对老师充分信任，不愿意对老师倾诉心声。

随着网络信息技术迅猛发展，微媒体因其分散传播等特征，使得心理健康教育主体由主导者变为平等的参与者，而如何利用微媒体将大学生吸引到心理健康教育工作者周围，实现在网络互动中开展心理健康教育，已经成为摆在心理健康教育工作者面前的一项挑战。

三、微媒体对大学生心理健康教育的影响

1. 积极影响

微媒体的使用极大地提高了心理健康教育的实效性和针对性。通过查看学生的网络动态，心理健康教育工作者可在第一时间了解学生存在的心理矛盾，有针对性地对其提出建议，便于做好引导和教育。同时，心理健康教育工作者既可以在微媒体平台上一对一地和学生谈话了解情况，也可以以群组的形式进行多对多的聊天，这样就改变了传统课堂的灌输式的教育方式，拉近了师生距离，使老师更容易了解学生存在的心理问题。利用微媒体平台，心理健康教育工作者也可以经常有针对性地分享一些排解心理问题的文章推荐给学生看，这样既丰富了教育资源，也使学生能够真正意识到自己的问题。

微媒体的使用已成为学生舒缓心情、排解压力的一个重要平台。大学生正处于青春期，心理容易产生波动，许多心里话不方便对父母、老师、同学、朋友讲，在虚拟世界中，学生更容易讲出自己的真心话，别人的留言反馈可以在一定程度上舒缓心理矛盾。大学生面临就业压力，对比条件比自己好的同学也容易

产生羡慕嫉妒，通过观看微媒体平台中经常传播的“心灵鸡汤”，可以鼓励学生不气馁，勇于进取，对排解心理压力有很大作用。

2. 消极影响

一方面，微媒体弱化了心理健康教育工作者的调控能力。在传统的教育课堂中，老师发挥主导作用，在心理健康教育中具有绝对的权威性，可以根据多年积累的经验，针对学生可能存在的心理问题开展引导与教育。微媒体的使用打破了这一现象，对老师的权威性提出了挑战，当老师说的与学生心里想的不一致时，许多学生更愿意相信网络舆论与信息，对老师开始质疑，这严重影响了心理健康教育的效果。另一方面，微媒体上的信息良莠难辨，许多大学生第一次远离父母，身心发展还不成熟，还没有形成正确的是非观与价值观，没有警惕意识，思想的阵地很容易被网络信息占领。许多学生喜欢沉迷于虚拟世界，在虚拟世界中交友聊天，把网络另一端的人总是想象得很美好，整天和虚拟世界打交道，远离现实世界生活，久而久之，会影响学生的身心健康发展。

四、微媒体环境下大学生心理健康教育的创新机制

1. 建立健全微媒体运行保障机制

高校应成立微媒体的专职管理机构，制定相应的规章制度和政策来保障微媒体的管理和运行，不断加强对微媒体的使用和管理，在课堂等不允许使用手机的地方可以安装屏蔽器。经常巡查网络，防止出现伪基站等不安全的网络环境。同时，对经过校园主干网的信息进行过滤，防止黄赌毒等有害信息从网络流入，对一些恶性帖子及时进行删除，给学生创造一个文明、安全、健康的网络环境，切实做好微媒体环境下大学生的心理健康教育安全管理工作。

2. 创新大学生心理健康教育平台

传统的大学生心理健康教育以课堂讲授和现场咨询为主，在微媒体广泛发展的今天，可以将大学生心理健康教育搬到微媒体平台上，创建大学生心理健康教育微媒体平台，可以通过开通心理健康教育公众号、开展微课堂、组建心理健康教育咨询群等方式来实现。心理健康教育工作者可以在公众号上定期分享有关心理健康教育的知识，将课堂上的讲课视频或课件放到公众号上方便学生们随时查看；可以通过微课堂与学生们进行即时的课程讲授、答疑解惑与心理咨询服务；可以在心理健康教育咨询群里设立值班老师，对学生出现的心理问题或存在的疑惑及时进行答复。除此以外，还可以建设心理宣泄室，让学生有地方发泄心中不满的情感，也可以组织一些有助于促进学生心理健康教育的

活动，鼓励学生经常参加集体活动。这种线上线下相配合的教学与服务模式，可以有效提高心理健康教育的实效性。

3.引导大学生提高媒介素养

所谓媒介素养，是指社会群体在通过网络媒体获得各种信息的同时，对信息内容的解读、分析消化和去伪的过程，在获得网络信息的同时表达自身观点、意愿所表现出来的道德素质。网络媒体信息量巨大，因大学生的身心发展尚未成熟，一般很难辨认真伪，特别是一些别有用心的人总是借助网络煽动不良情绪。而学生看到这些信息时，如果盲目相信，轻则会影响学习生活的积极性，重则会做出一些违法的行为。因此，高校应经常教育引导学生要对网络媒体上的信息辩证看待，常怀警惕意识，不能盲目相信，防止被不法分子拉拢利用。高校教育工作者可利用微媒体平台宣扬主旋律，传播正能量，对网络上的一些不良信息进行批驳、解析，让学生看到不良信息的真面目，从而提高学生对信息的甄别能力，这样也有利于学生的身心健康发展。

4.提高心理健康教育工作者的素质

微媒体的广泛应用，无疑对心理健康教育工作者提出了新的挑战。在手机网络尚未发展的时期，大学生生活在一个相对简单纯洁的“象牙塔”里，对社会各界的信息接触较少。但随着微媒体的发展，学生可以不出学校门，便可以瞬间知晓天下事，许多网络信息被描述得绘声绘色，比起老师枯燥的说教更容易使学生入脑入心。因此，作为心理健康教育工作者，要不断完善自身的知识储备，不断提高自身的综合能力和素质，跟上网络时代发展的步伐，掌握各种新媒体的使用，这样才能更好地教育引导学生。一方面，高校可对心理健康教育工作者组织专门的培训来提高其使用微媒体开展教育的能力；另一方面，心理健康教育工作者也要加强理论学习和实践操作，通过查阅文献、调查问卷、实地考察、分析总结优秀教学经验等途径研究利用微媒体开展心理健康教育的方式方法，丰富心理健康教育的内容与形式，同时也要学会利用微媒体及时把握大学生的心理动态，有效地提高其教学质量和效率。

5.建立健全心理危机事件舆论引导的应对机制

大学生心理危机事件屡见不鲜，若高校对社会舆论不加以正确引导，便会对高校产生不利的影响。高校应不断完善大学生心理危机事件舆论引导的应急预案，设立专门的舆论引导应急工作领导小组，在相应主管校领导的指挥下，学生管理部门、学校保卫、宣传部门、辅导员等积极配合，及时开展工作协调会议，对处理心理危机事件的应对措施和具体的舆论引导工作进行研讨，做出正确的指挥与决策。同时，高校应将舆论引导和事件处置同步安排、同步推进，第一时间将事件的真相、缘由、进展通过微媒体发布出去，对社会舆论进行正确引导，以免公众不了解突发事件的真相，以讹传讹，不仅对高校声誉造成负面影响，而且容易引起学生心理上的恐慌。

6.建立健全考核评价机制

利用微媒体平台开展心理健康教育是一个崭新的课题，高校应针对其特性研究制定一套有效考核、评价和奖惩的机制，以此来提高心理健康教育工作者的积极性。在微媒体环境下，可以依据心理健康教育工作者通过微媒体发表的教育信息的数量和质量、学生阅读量、学生咨询数量、学生反馈等进行量化考评，并让学生参与其中进行打分，将以上指标纳入每月的绩效考核中，这对提高心理健康教育工作者的积极性大有帮助，也能有效推动微媒体心理健康教育的顺利开展与发展。

五、结语

微媒体既能快速传播信息，又便于互动交流，这给大学生的心理健康教育工作提供了新平台。但是值得注意的是，微媒体的广泛使用，也对以往传统的心理健康教育带来了很大的冲击，利用微媒体开展心理健康教育已经是一个不容回避的课题。同时，微媒体对于高校的心理健康教育工作来说是一把双刃剑，广大心理健康教育者必须用辩证的眼光看待微媒体对心理健康教育的影响，切实做好并落实其在微媒体环境下的心理健康教育创新。

大学生职业生涯规划教育举措的分析与研究

一、职业生涯规划对大学生的重要意义

大学生职业生涯规划指大学生在进行自找剖析，在全面客观地认识主、客观因素与环境的基础上，进行自我定位，设定自己的职业生涯发展目标，选择实现既定目标的职业，制订相应的教育、培训、工作开发计划，并按照一定的时间安排，采取各种积极的行动去达成职业生涯目标的过程。只有制订一个好的职业生涯规划，才能促进大学生持续奋发进取，不断向着目标前进，最终实现自己的人生理想。

1.有助于帮助大学生增强自我认知

职业生涯规划的黄金法则是人职匹配理论，而进行人职匹配的前提和基础就是认识自己、了解自己。每个人受基因遗传、成长环境等因素影响都有自己的思维方式和行为习惯。在进行职业生涯规划前，大学生首先要眼睛向内，研究自己的性格、气质、心理素质、能力、技能、知识储备等特征，确定自己的优势和劣势，从而制订长远的职业生涯规划。通过加强自我认知，可以更加清楚地认识自己，也可以避免盲目的从众心理。

2.有助于帮助大学生确定发展目标

职业生涯规划主要内容是设定职业生涯发展目标。在设定职业生涯发展目标的基础上，也要设定学业目标，这样才能实现学业到职业的顺利衔接。大学生一旦明确了学业目标和职业目标，就会去努力奋斗，不断充实自己、完善自己，并为实现目标积极创造条件。如果在达成目标的过程中遇到困难和挫折，他们也会全力以赴去克服。这样可以有效减少部分大学生浪费光阴、碌碌无为、不思进取的现象，使大学校园更加充满奋发进取的蓬勃朝气。

3.有助于帮助大学生激发自身潜能

大学生制订了适合自己的职业生涯规划后，为了实现学业目标和职业目

标，会通过努力养成良好的学习与生活习惯，会通过不断地学习以及实践活动去锻炼自己各方面的能力与素质。同时，随着规划中一个个具体目标的实现，大学生的自信心就会增强，有助于激发大学生的潜能，从而进一步促进大学生向更高更远的目标前进。

二、辅导员在大学生职业生涯规划中的关键作用

辅导员是大学生职业生涯规划教育的具体实施者。从新生入校起，辅导员就要引导学生做好学业规划和职业规划，帮助他们树立正确的就业观和择业观，促进他们全面发展、成长成才。辅导员工作的性质、特点和职责决定了其在大学生职业生涯规划教育中承担着重要的角色。《高等学校辅导员职业能力标准（试行）》中规定了辅导员应为学生提供高效优质的就业指导和信息服务，帮助学生树立正确的就业观念。大学生平时接触最多的老师就是辅导员，辅导员也是最了解大学生各方面情况的人，辅导员只有根据每个学生的个性特征，针对每个人存在的矛盾和问题，在普遍教育的基础上，开展具有针对性的职业生涯规划教育，这样才能发挥好职业生涯规划教育的实际作用。同时，大学生职业生涯规划教育是一项系统工程，大学四年不同时间教育有不同效果，这就需要辅导员持续不断地对学生进行指导和引导。

三、大学生职业生涯规划教育存在的问题

1.大学生对职业生涯规划的意识淡薄

从高中步入大学，大学生来到一个崭新的环境，容易在学习和生活中迷失方向。而部分高校针对大学新生的职业生涯规划教育体系还不完善，加之受家庭教育观念的影响，学生对自身的职业生涯规划的意识比较淡薄，不了解什么是职业生涯规划，也不会通过专业的测评系统进行测评，对自身能力、职业方向和社会发展没有一个清醒的认识。职业生涯规划教育是近些年才开始被人们所重视的，许多大学生对职业生涯规划的相关知识了解较少，对职业生涯规划的意义及作用知之不深。甚至有些学生认为开展职业生涯规划既浪费时间，又不会有立竿见影的效果；认为职业生涯规划是毕业后的事情，读书期间的规划过早，不会对自己有任何作用；认为大学期间的职业生涯规划是片面的，缺乏实践经验，不利于以后的工作发展。

2.职业生涯规划教育缺乏个体针对性

每个大学生因受成长环境、家庭环境、教育环境等因素的影响，他们之间存

在很大的差异性，如理想信念、智商、情商和心理承受能力等都有很大不同。在开展职业生涯规划教育时，就要充分考虑个体差异性，立足于每个学生开展教育，针对学生的个性特点设计学习、就业发展之路，使学生有目的地学，达到学有所用、学以致用。但是，许多高校在开展职业生涯规划教育时采取“一锅饭”“大锅煮”的方法，没有考虑每个学生个体差异，千篇一律开展教育，严重抹杀了学生的个性。社会对人才的需求是多层次、多样化的，因此要针对学生的个性去进行职业生涯教育，充分发挥好学生的爱好特长，使学生能找到自己个性化的发展之路，最终在自己的岗位上实现人生的理想抱负。

3.高校缺乏系统完善的职业生涯规划体系

部分高校片面地以为职业生涯规划教育就是就业指导教育，而且只在即将毕业的学生中开展，通常采用传统的专题讲座或者邀请杰出校友传授相关的就业面试技巧，这种重就业指导、轻生涯辅导的做法，将就业的希望寄托在几次讲座上，难以达到预期的生涯规划效果。并且，我国目前还没有颇具权威性的职业生涯规划方面的教材，高校往往注重理论性知识，对实际操作中遇到的问题缺乏有效的解决方法，缺乏权威性和专业性。

四、辅导员开展大学生职业生涯规划教育的措施

1.不断提升辅导员的理论和实践水平

作为大学生职业生涯规划教育的主要实施者，辅导员首先要紧跟社会发展步伐，及时更新自己的理论知识，研究总结成功案例的方法经验。在理论和实践的基础上，做好职业生涯规划教育。同时，要创新教育内容和形式，可以根据学生的兴趣爱好，在课堂上采用小组讨论、案例分析、经验分享或者游戏等形式来引导学生积极主动地去学习。同时，辅导员还应积极参加校内外组织的职业生涯规划方面的培训，不断提升自己的专业素质。

2.建立大学生职业生涯规划教育微信平台

随着互联网技术的迅猛发展和智能手机的普及，微信因其可以发送文字、图片、音频和视频等形式的内容，因具有信息传播速度快、信息内容丰富多样、参与广泛、互动性强等特点而被广泛使用。现如今，微信已经成为大学生群体普遍使用的一款社交软件。我们可以通过集体或者个人的名义来申请微信公众号，在微信平台中可以通过文字、图片、语音、视频等形式来实现全方位的沟通与互动。如果将大学生职业生涯规划教育从“线下”搬到“线上”，充分利用微信公众平台的传播作用，将极大地增强教育实效。因此，辅导员应该紧跟时代

的步伐，加强对微信的研究，主动更新工作理念，不断提高自身的职业生涯规划的理论水平和实践能力。辅导员可以将课堂和微信平台相结合，学生可以随时随地通过微信平台学习职业生涯规划相关知识，也可以通过微信平台开展职业价值观、兴趣、能力、性格等方面的测试，更有助于学生全面认识自己、了解自己。总而言之，通过微信平台，辅导员一方面可以及时更新和丰富教学内容，另一方面，辅导员和学生可以更自主地进行在线交流，相互沟通，相互影响，极大地提升了教育的吸引力和参与度。

3.指导大学生利用专业方法进行职业认知和测评

世界上已经有许多成熟的职业认知和测评的方法，辅导员可逐一对学生进行讲解示范，鼓励学生进行专业的职业认知和测评。大学生进行自我职业认知和测评的主要方法有 SWOT 分析法、360°评估方法及职业气质型量表、16PF、霍兰德职业类型测试、MBTI 测评、职业锚问卷等职业测评工具。其中，SWOT 分析法指从优势（Strength）、劣势（Weakness）、机遇（Opportunity）和挑战（Threat）四个方面来分析自身情况，从而对自身有一个大致定位，便于明确以后的发展方向。360°评估方法又称多渠道评估法，这个方法主要指受测试者通过从自己的社交环境，如父母、亲戚、朋友等的情况来全方位评估了解自己。大学生可以通过职业气质型量表等职业测评方法来客观深入地了解自己的性格特点及职业倾向。通过综合使用这些测评方法，大学生就可以制定一个相对良好的职业规划。

4.将大学生职业生涯规划教育与心理健康教育相结合

随着就业形势越来越严峻，大学生承受着巨大的心理压力，以至于部分学生会产生焦虑、抑郁、悲观等心理障碍或心理疾病。将大学生职业生涯规划教育与心理健康教育相结合，有助于从心理层面对学生进行引导和沟通，帮助大学生摆正就业择业的心态，在职业生涯规划中不断完善自己，促进学生心理健康发展。辅导员应加强心理学知识的学习，掌握相关心理学知识，将心理学融入大学生职业生涯规划教育。特别是对心理承受能力较弱的学生，要通过心理学方法来做好教育引导，增强其在生涯发展中的心理素质。

5.将大学生职业生涯规划教育与思想政治教育相结合

思想政治教育工作的根本目的是培养全面发展的大学生，将大学生职业生涯规划教育与思想政治教育相结合，可以帮助学生树立正确的就业观，使其成为一个对社会主义发展有利的人。辅导员在进行职业生涯规划教育时，首先要学好马克思列宁主义、毛泽东思想、邓小平理论、“三个代表”重要思想、科学发展观和习近平新时代中国特色社会主义思想，用党的创新理论来把好方向。其次要以《关于进一步加强和改进大学生思想政治教育的意见》为纲，教育学生要把自己的职业发展方向与社会主义发展进度结合起来，在各行各业中奉献自己的力量。最后，要充分发挥学生会、党支部、班委会等各级学生组织的作用，特别是要发挥好党员骨干的作用，用榜样的力量教育引导学生。

6.丰富大学生的校园文化活动和社会实践活动

辅导员可以组织学生开展丰富多彩的校园文化活动，包括简历设计大赛、模拟招聘大赛、职业生涯规划大赛、面试技巧大赛等系列活动，这些活动不但可以丰富学生的校园文化生活，促进大学生对职业生涯规划的思考，更重要的是锻炼了竞争岗位所需要的能力，使学生充分做好迎接就业的准备。辅导员还可以鼓励学生参加各种形式的社会实践活动，学生可以在社会实践活动中更好地了解自己，在学校里便对社会环境有一个初步的认识，进而明确自身的职业目标，制定学习和工作计划，并在实践过程中不断地践行和调整职业规划路线，为更好地走向工作岗位奠定良好的基础。辅导员可以依托高校、政府、企业及自身的各类资源，帮助学生不断开拓校内外的实践基地，全方位地锻炼学生的各种能力，让学生深刻地体验生活，以便根据自身实际情况不断调整规划目标和路线。同时，辅导员还应鼓励和引导学生参加创新创业活动，激发学生创造的智慧，在创新中寻找机会。

五、结语

大学生职业生涯规划教育是新形势下对辅导员工作提出的崭新要求。为了更好地促进学生发展与成才，辅导员要积极参与到职业生涯规划教育的体系中，不断学习新理念、更新工作思维、调整工作方法。

新媒体环境下高校突发事件应对及舆论引导策略的分析与研究

高校学生是我国网民的重要组成部分，对新媒体的运用较为普遍，但由于高校学生对各种事件接触较少，遇到事情缺乏理性分析，只相信自己看到的表象，特别容易被舆论所左右。近几年，由于受内部和外部环境的影响，校园安全事件频发，如个体自杀、意外伤害、死亡、投毒等。高校突发事件发生后，如果不及时给予学生正确的舆论引导，他们将通过网络媒体将“表象”事态扩散，有时甚至将事态严重化，进而使事态的演变超出学校的管理控制，对学校和社会的和谐稳定产生不良的影响。因此，在新媒体环境下，研究做好校园突发事件的应对方法和舆论引导策略具有重要的现实意义。

一、高校突发事件网络舆论的含义

高校突发事件是指那些发生在高校内，或虽未发生在高校，却与高校校内的人或事有着相当联系的事件，对学校甚至社会造成一定影响、冲击、威胁或危害的公共事件。高校集中着高层次知识分子，各种思想言论自由传播，是一个舆论焦点的高发区和热源地。在新媒体环境下，关于突发事件的未经证实的负面消息容易通过网络被传播甚至被放大，易使高校学生产生恐慌，影响大学生的心理健康，易给高校造成巨大的舆论压力，对高校的声誉会造成负面影响，也容易扰乱社会秩序、危害社会和谐稳定。随着新媒体技术的快速发展，网络成为反映舆论的主要载体之一。高校突发事件网络舆论，指的是大学生从自己的视角出发，受教育背景、价值观、道德情感的影响，发表自己对高校突发事件的理解和评价，这些多元化的观点和看法在新媒体上彼此碰撞、融合后形成具有一定倾向性和影响力的意见或言论，学生的群体参与和集中关注往往成为左右网络舆论的中坚力量。

二、新媒体环境下高校突发事件网络舆论的特征

1.传播速度快

在新媒体环境下，高校里几乎人人都是一个信息源。加上高校学生普遍年轻，猎奇心理严重。一旦遇有突发事件，在不了解原因背景的情况下，容易根据自己的主观想法猜想臆断，然后进行迅速转发传播。网上粉丝的点赞和评论带来的满足感会不断激发他们的传播欲望。许多时候，发生事件单位还不清楚事情情况的时候，网上却早已经人尽皆知。

2.影响范围大

在网上，高校突发事件已经是一个敏感词汇。一旦发生突发事件，将会在网上迅速传播。各种网络大咖会竞相转发，博取点击量。从而导致这些突发事件不只会影响某一所高校，或者只局限在高校内，而是会在社会中广泛传播，使社会焦点都投向高校。特别是遇到恶性事件，对社会产生的影响将难以估量，有些甚至会严重导致社会的不稳定。

3.危害对象多

高校突发事件一旦传播开，各种影响便会相继出现。这无疑会冲击学校的正常教学秩序和学生的日常管理，使学校花费很大精力去应对网上舆论。这些影响对学校师生的产生的心理压力也是显而易见的，特别是面对一些恶性事件“丑闻”，学校老师和学生将要面对社会上的各种非议，使老师和学生难以全身心投入教学和学习中。同时，各种突发事件也会产生“多米诺效应”，迅速波及其他高校的师生，甚至会引发群体性事件。

4.防范难度大

在传统媒体环境中，舆论传播具有局限性，官方具有话语主导权，大家比较关注官方的观点。但在新媒体环境下，网上人人都可以根据自己想法发声，对事件进行广播，这无疑会加重突发事件网上舆论的防范难度。加上高校普遍是以教学为主，缺少专门机构和人员从事网上舆情的防范。一旦遇有突发事件，再组织专门力量去进行处置和引导，这无疑会落后于事件传播速度。

三、高校突发事件舆论引导存在的问题

1.规章制度建设相对薄弱

对于校园各种突发事件的处置，以学校自己的制定的规章制度为主，国家目前还没有专门的法律条文。但是学校规章制度往往不够完善，很难达到预期

的监管效果。特别是对于一些新型的突发事件，例如“裸贷自杀”“校园凌辱”等，更是缺少相应的制度保证。

2. 舆论引导机制不够完善

高校对舆论引导普遍研究较少，在突发事件发生后，缺少官方声音去正确引导舆论走向。而要在第一时间发表官方声明，就需要高校各部门积极主动协调配合，尽可能掌握更多信息。但现实中，高校各部门信息传播缓慢，配合行动更是不够积极有效。

3. 专业舆论工作者较为欠缺

专业的舆论研判人员，需具备高度政治敏锐性、强烈社会责任意识和扎实的专业素养，而各高校在这方面的人才储备较为欠缺。平时对各种突发事件的舆论研判也较为缺乏，缺少预想预判机制，导致对突发事件的应对不及时。

4. 学生教育管理不够有效

高校学生在突发事件的传播中具有举足轻重的作用，加强学生的教育管理是处置好突发事件的重要举措。但是高校在教育管理上往往形式单一，而且缺乏系统性，没能使学生意识到自己突发事件中的应尽之责。而且，高校教育管理往往跟不上新技术发展潮流，不能充分利用新媒体的优势，导致在舆论引导上存在滞后现象。

四、新媒体环境下高校突发事件的应对和舆论引导策略

1. 加强学生教育管理，对突发事件作出预判

校园许多突发事件在发生之前都有一定的征兆，对这些征兆要是处理得当，就会有效减少许多突发事件发生。在教育管理学生中，辅导员负有主体责任。因此，辅导员在日常工作生活中，要多和学生交流思想，关心学生学习生活，善于听取学生心里话，对出现的一些事件苗头要第一时间采取措施进行制止，防止酿成惨剧。同时，要充分发挥学生干部的主观能动性，通过学生干部消除管理者和被管理者的距离感，时刻掌握学生的思想动态。

目前各高校都开设有自己的微博和微信公众号，通过微博和微信公众号发布一些消息。大学生是网络应用的主体，他们更乐意在网络上表达观点、发表意见，因此通过分析点赞留言情况来了解学生思想动态，也是发现事故苗头的一个重要途径。同时，高校要加强对辅导员的全面培养，特别是在舆论研判方面，使其具有高度政治敏锐性、强烈社会责任感和扎实的专业素养。辅导员在平时工作中加强网络舆情关注，用专业的视角进行分析，对可能存在的各种事

件进行预想预判，针对不同类型的突发事件做出初步处理。

2.建立健全高校突发事件的应急预案和舆论引导机制

随着社会经济发展，高校各种突发事件层出不穷，对一些出现过的突发事件各高校一般都有较为成熟的应对措施，但对许多新型突发事件却缺少经验借鉴。因此，要对已经出现的一些有关学生的问题苗头要充分预想，制定相关应急预案。同时，各高校要成立突发事件应急处理领导小组，由学校主要领导负总责，协调校各部门统一行动，密切协同。要加强各级值班值勤，联系方式保证24小时畅通，遇有突发事件能够迅速传递消息。

学校突发事件应急小组的领导和成员在出现突发事件时要迅速赶赴现场组织行动，根据不同事件情况采取相应的处理措施。在处理中要指定专人及时通知家长，让家长和学校一起处理。在突发事件处理过程中要及时向学生公布事态的处理情况，做好舆论引导，防止出现一些负面言论恣意传播。同时，高校应该及时掌握突发事件网络舆情的性质和程度，在出现负面言论的情况下，要根据事件实际情况分析负面言论的成因背景，对一些不切实际的猜想臆断要用事实进行反驳，掌握网上舆论的主动权，使学生能充分了解事件真相。因此，高校也要成立专职舆情引导应急工作小组，由宣传部门负责，选派是非感强、作风良好、有责任感的教师任组员，在遇有突发事件能第一时间出现代表校方发表消息，澄清真相。

3.善用新媒体加强舆论引导

微博、微信、抖音、小红书等新媒体在传播信息方面具有很大优势，但却是一把“双刃剑”，它们既能传播正面消息，也一样能传播负面消息，而且往往负面消息比正面消息传播得更加迅速。由此可见，加强网络舆情引导是一项艰巨的任务。在突发事件发生后，若是不能迅速在新媒体上发表情况说明，势必会出现不明真相的学生在网上随意传播一些不负责任的言论，严重的会引发学生集体的恐慌，对学校的和谐稳定带来不利影响。面对事件的未知情况，高校应第一时间查明真相并公布信息，及时出面回应社会舆论，为自身赢取主动权和话语权，掌控局面，稳定人心。

辅导员由于平时与学生接触较多，学生对辅导员相对比较信赖，辅导员也都加有学生的微信群、QQ群。在发生突发事件后，辅导员要迅速行动，与学生干部一起，配合相关主管部门第一时间通过微博、微信、抖音、小红书及QQ等新媒体发布正面、准确的权威信息。这样，一方面可以在很大程度上消除网络谣言对高校及学生的伤害，另一方面也为突发事件的解决营造良好的舆论氛围。

4.积极反思，不断探索工作规律

新媒体下的舆论引导是一个新的课题，高校应从以往舆论危机发生的原因、处理过程中的失误和不足进行总结和反思，探索工作规律。从具体案例中吸取教训，学习经验，进一步完善突发事件舆论引导的机制。同时，校园广播、公众平台等主流媒体也要做好各种宣传，积极传播正能量，转移学生对社会负面新闻的注意力，使学生形成一个积极向上的人生观、价值观。并且，高校要积极搭建交流平台，增加校园管理工作的透明度，合理运用新媒体对学校进行正面宣传，最大限度地消除公众的不信任感，增强学生对学校网络管理的信任和对学校的信心。

5.加强学生心理健康教育，消除学生不良情绪

许多负面消息都是由于学生的不良情绪产生的，而学生的不良情绪主要是因为对自己所处环境缺乏安全感和信任感而造成的。在突发事件中，高校应将应对机制与措施公布于学生，使学生明白学校的相关政策和措施，增强对学校的信任。同时，在平时的教学活动中应加强对学生的心理健康教育，教育学生采取正确途径消除不良情绪，使学生保持健康的心理状态。

随着新媒体的广泛应用，辅导员可以将大学生心理健康教育搬到新媒体平台上，通过心理健康教育公众号、微课堂、心理健康教育咨询群等方式来进行心理健康教育。除此以外，还可以组织一些有助于促进学生心理健康教育的活动，鼓励学生经常参加集体活动。这种线上线下相配合的教学与服务模式，可以有效提高心理健康教育的实效性。

五、小结

高校应该根据自身的情况，用创新思维来开展工作，不断探索学生管理的规律，建立和完善高校学生突发事件的应对机制和舆论引导机制，将高校突发事件网络舆论的危害控制在最小范围内，减少不良影响。同时，高校管理者应该加强危机意识，重视突发事件的相关制度建设和队伍建设，正确把握和探索网络舆情的发展规律，及时、全面了解学生的思想动态和诉求，促进高校和谐稳定发展，培养学生成长成才。

“校园贷”风险防范与教育引导机制研究
——基于大学生思想政治教育视野下的思考

近年来，随着政府、企业和媒体对“互联网＋”的支持，大学生的消费理念发生巨大转变，他们崇尚超前消费，因此大学生运用各种P2P平台分期消费成为一种普遍现象，由此而产生的一系列问题也逐渐成为热点话题。在这种背景下，校园网络借贷平台迅速发展起来，拥有了大量学生用户。大学生没有独立经济来源，主要依靠父母，并且心理发展还不成熟，比较脆弱，其中部分大学生还来自经济困难家庭，短短几个月时间里因为利滚利拖欠的金额已远超出了学生和父母所能承受的范围，这对他们来说意味着无法承受之重。再加之各种暴力催款方式的影响，大学生心理压力过大，最终出现跳楼、自杀等难以挽回的悲剧。

高等学校承担着大学生成长成才的重要责任和历史使命，要深入贯彻落实全国高校思想政治工作会议精神，充分发挥辅导员人生导师和知心朋友的重要作用，秉持以生为本的理念，做好大学生思想政治教育工作，特别是深陷“校园贷”危机学生的心理和思想帮扶工作，引导大学生成为身心健康、德才兼备、全面发展的中国特色社会主义合格建设者和可靠接班人。

一、校园贷的特点及现状

校园贷即校园网贷，是指网络贷款平台面向在校大学生开展的贷款业务。校园贷平台众多，主要有三类：一是专门针对大学生的分期购物平台，部分还提供较低额度的现金提现。二是P2P贷款平台，用于大学生助学和创业。三是电商平台所提供的信贷服务。其中，电商平台为了提高销售业绩，主动通过校园贷平台让大学生分期付款购买商品，其中电子产品居多，如电脑、手机、相机等，这些产品价格高昂，大学生没有全额付款的能力，以分期方式购买，每个月只需几百元，这对大学生很具有吸引力。

根据《大学生分期还款2016调查报告》的描述，2016年全国2000多万大学生中，61%的大学生面对一定金额产品的时候，会选择分期付款的方式。校园贷平台在宣传过程中会夸大其优势，运用零首付、零利息、无抵押、1 分钟注册、5 分钟贷款等字眼吸引大学生的眼球。与此同时，网络分期贷款平台办理手续简单、流程少，大学生通过网上提交身份证、学生证等资料信息，审核过后就可以轻松申请到信用贷款。当然这也是隐患所在，校园贷平台对注册者的身份审核太过宽松。而对没有稳定经济来源的大学生而言，贷款必须进行严格的资格审核，校园贷平台的资格审核环节形同虚设。尽管银监会、教育部和人社部多次发布通知要求暂停针对大学生的网络贷款业务，但是由于网络贷款管理机制的不完善和监管力度的缺乏，校园贷逐渐成了"校园害"，存在着高利息、涉嫌诈骗、泄露个人信息等不良现象。而高校教育工作者必须清楚认识到此类问题的严重性，校园贷平台增加了大学生的消费渠道和来源，如果不对大学生给予正确的引导和教育，大学生会因不合理的消费观念和不成熟的思维方式而影响自己的生活和学习甚至危及学生的人身安全。

二、"校园贷"案例分析

1. 学生工作案例

2016 年 9 月，大学生小王因购买电脑在某借贷平台贷款 5000 余元，到 2017 年 1 月就利滚利成了十几万元。期间，为了及时还清借贷平台高额的手续费、滞纳金及利息，小王前后通过 10 余种借贷平台拆东墙补西墙还款，不敢告知父母。其父母在外打工，也根本没有能力拿出这么多钱来还债。而比贷款本身的高利率更让人恐怖的是网络贷款平台的催款方式，如骚扰电话和短信、人身威胁、言语恐吓等，不仅影响了学生本人，也影响了在学生手机通讯录内的亲朋好友。在舆论的影响和巨额贷款的压力下，小王无心在校学习，他通过与父母商量后一致决定休学一年，以便调整自己的心理状态。

2."校园贷"的风险和危害

(1)校园贷平台监管薄弱。

目前政府对网络借贷平台的监管力度和相关制度不够完善，部分校园贷平台打法律的"擦边球"，钻法律的空子，导致大学生难以识别网络借贷平台的诈骗分子。并且大学生在借贷平台提供的个人身份信息或者他人身份信息也存在着被泄露的风险。

(2)诱骗大学生。

大学生对校园贷风险的认识不够全面，为了满足自己的消费欲望和虚荣心，草率地与校园贷平台签订相关贷款协议，没有仔细斟酌和思考协议中的内容，也没有仔细考虑手续费、利率等贷款应该关注的问题，到了还款日或者被催款时，才意识到自己已经背负了金额巨大的违约金、贷款利息和滞纳金，有时候大学生甚至不知道这些巨额的资金是如何计算出来。

(3)威胁高校安全稳定。

安全稳定是高校教学工作和管理工作有序开展的基础。校园贷产生的问题日益突出，给大学生带来了巨大的心理压力，身陷校园贷的同学为了还款做出违规违法的事情也越来越多，如以朋友的身份介绍其他同学进入校园贷平台以抵还贷款等，这些会引发一系列校园不稳定状况，根据“破窗理论”，如果不对陷入校园贷危机的同学加以正确教育和引导的话，将会严重影响高校学生管理及日常工作开展，严重威胁校园安全和稳定。

(4)影响大学生及其亲朋好友的利益。

大学生身陷校园贷深渊，无法偿还拖欠的货款，每天会面临无数催款电话和短信轰炸，甚至会遭到非法分子的恐吓、逼迫。心里承受着来自各方面的压力，在这种担惊受怕的心理环境下，他们无心学习，会出现旷课、夜不归宿等违规违纪现象，甚至是厌学、挂科等不良现象。他们对校园文化活动和社会实践活动不感兴趣，更谈不上安稳的生活，生活质量和状态急剧下降。

同时，校园贷平台在向大学生放贷前会要求其提供父母或者老师的联系方式，也会通过某种信息手段盗取大学生手机通讯录联系人电话，一旦大学生无法还款或者无法联系到大学生本人，借贷平台的工作人员便会对大学生通讯录里面的成员进行骚扰电话或者短信，甚至是传播有损学生声誉的言论，不仅侵犯了他人的隐私，更可能给别人带来精神困扰。

三、校园贷风险防范及教育引导机制

1.加强教育引导，培养正确的价值观念

作为大学生日常生活的直接管理者，高校要充分发挥辅导员的优势和作用。辅导员要指导帮助学生正确认识校园贷，通过组织开展内容丰富多彩的讲座、知识竞答等活动，避免学生陷入宣传广告误区，避免学生陷入金融风险当中。同时，辅导员要发挥“人生导师”和“领路人”的作用，围绕学生、关照学生、服务学生，深入学生宿舍谈心谈话，真正走到学生中去，密切关注学生的一切异常行为，及时发现并掌握、了解学生在消费方面存在的问题，以便及时帮助学生解决问题。

此外，高校要加强对大学生的诚信教育，通过教育宣传，引导大学生认识到诚信做人的重要性，认识到信用记录对生活的重要影响，出国留学、置办房产、购买车等均会涉及信用记录。同时，还要培养大学生积极、健康向上的人生观和价值观，通过学习、参加实践工作、参加校园文化活动等方式获得精神满足和自我成就感，避免过分追求物质满足而出现行为上的偏差。

2. 构建学校安全信息网，增强大学生的金融素养和法律意识

2016 年 4 月，教育部与银监会联合发布了《关于加强校园不良网络借贷风险防范和教育引导工作的通知》，明确要求各高校建立校园不良网络借贷日常监测机制和实时预警机制。高校应不断完善线上线下共同监管机制和预警机制，高度重视网络宣传平台，禁止各类网络贷款平台进入校园开展宣传工作，主动占领网络思想政治教育新阵地，做好大学生日常思想政治教育工作。与此同时，高校要注重培养大学生金融素养，提高大学生的风险防范意识；引导大学生学会合理消费、理性消费、科学消费，树立正确的消费观念；普及金融知识，比如多开设金融方面的公共选修课、通识教育课，通过课程让大学生真正全面发展。此外，学校应主动与当地司法机关联系，加强校内的司法宣传教育、普法宣传，推荐学生参加司法机关实习，提高大学生的法律意识，让学生们真正认识到校园不良贷款的危害及要承担的法律后果；普及法律知识，开展法律专业相关的通识选修课，通过课程让大学生真正了解法律，培养运用法律知识解决问题的意识与能力。

3. 注重心理干预，善用“朋辈辅导”

高校辅导员要准确把握学生的心理活动，进行有效的谈心谈话和心理辅导。涉及校园贷的大学生，一般有以下 3 种情况：第一是攀比心理，第二是生活出现困难，无处求助，第三是消费观念不合理。辅导员应该以真诚、尊重、共情、积极关注等心理技巧了解学生的真实状况，给予学生心理上的专业帮助，给予其足够的人文关怀。

“朋辈辅导”就是让亲身经历过校园贷的同学来告知同学们自己如何陷入校园贷危机、如何解决危机，更具有说服力和教育意义。同时，选拔好、培养好、使用好学生干部，党员和学生干部在大学生成长成才中扮演着重要的角色，他们与同学们同吃同住，对同学们情况比较了解，更容易发现同学们中存在的问题。因此，辅导员要充分运用学生干部的优势作用，及时关注和了解大学生思想动态，及时发现问题，以便将学生的问题扼杀在萌芽当中。

4. 构建家校联合教育机制

辅导员发现学生有不合理消费或者借贷逾期等问题时，要及时与家长取得联系，保持沟通，共同做好学生的心理安抚工作和后续问题的解决。同时，督促家长多了解校园贷的陷阱，多与孩子沟通交流，培养孩子积极、健康的理财习惯；教育孩子合理消费，不从众、不攀比，养成勤俭节约的生活习惯；教育引导孩子理性看待问题，鼓励孩子尽快从还贷的阴霾中走出来。

四、小结

"校园贷"拓宽了大学生资金的来源，对大学生的创新创业有一定的促进作用，但同时也间接提高了大学生的消费水平，存在负面影响。因此，高校应不断加强网络借贷方面的安全教育，提高大学生的自我约束能力，引导大学生树立正确的消费观念。同时，高校应在实践工作中不断完善校园贷风险防范与教育机制，构建和谐文明校园，创新大学生思想政治教育方式方法，促进大学生健康成长成才。

关于高校思想政治教育促进"共同富裕"路径的分析与研究

一、高校思想政治教育促进"共同富裕"路径的研究概述

中国共产党一直将"共同富裕"作为孜孜以求的奋斗目标。社会主义建设初期的探索，为共同富裕奠定了制度前提和工业化基础；在改革开放探索过程中，以"先富带后富"为路径使共同富裕迅速迈向新时代。党的十八大以来，通过采取有力措施保障和改善民生，打赢脱贫攻坚战，全面建成小康社会，为促进共同富裕创造了良好条件。党的十九大报告中也提出："到 2035 年，基本实现社会主义现代化，全体人民共同富裕迈出坚实步伐；到本世纪中叶，把我国建成富强民主文明和谐美丽的社会主义现代化强国，全体人民共同富裕基本实现。"2021 年中央财经委员会第十次会议指出："共同富裕是社会主义的本质要求，是中国式现代化的重要特征，要坚持以人民为中心的发展思想，在高质量发展中促进共同富裕"。2022 年政府工作报告中指出："要坚持以人民为中心的发展思想，依靠共同奋斗，扎实推进共同富裕，不断实现人民对美好生活的向往。"

中国共产党第二十次全国代表大会报告中共有 8 处提到了"共同富裕"一词。其中指出，中国式现代化是全体人民共同富裕的现代化。共同富裕是中国特色社会主义的本质要求，也是一个长期的历史过程。我们坚持把实现人民对美好生活的向往作为现代化建设的出发点和落脚点，着力维护和促进社会公平正义，着力促进全体人民共同富裕，坚决防止两极分化。

共同富裕是习近平新时代中国特色社会主义经济思想的重要内容之一。党的十八大以来，学界围绕习近平总书记关于共同富裕重要论述的生成逻辑、科学内涵、实践路径、创新价值等方面展开了研究，取得了较为丰硕的成果，为形成科学系统的共同富裕机制体系提供了理论基础(张雨桐等，2022)。

中国知网现有关于"共同富裕"为主题的学术期刊 3.9 万篇，学位论文 3390 篇。以"思想政治教育"为主题的学术期刊 35.9 万篇，学位论文 2.5 万篇。以

“思想政治教育和共同富裕”为主题的学术期刊 75 篇，学位论文 37 篇。由此可以看出，关于“思想政治教育”和“共同富裕”独立主题的研究成果已经颇为丰富，但是关于思想政治教育和共同富裕之间联系的研究成果较少，比较有代表性的成果有以下 4 个方面。

（一）思想政治教育促进精神生活“共同富裕”的逻辑思路

廖小琴认为精神生活“共同富裕”是满足人民美好生活需要、促进人的全面发展的重要战略举措和价值指向。思想政治教育促进精神生活“共同富裕”具有显著的功能优势。精神生活“共同富裕”是一个没有现成模板可以参照、没有成熟经验可以借鉴的探索前进过程，必须认真研究和解决现实存在的掣肘思想政治教育功能发挥，阻碍精神生活共同富裕的问题，以思想政治教育的高质量发展、现代化发展、守正创新发展和助推共享发展促进精神生活“共同富裕”实现（廖小琴，2022）。

（二）在思想政治教育中讲好“共同富裕”的意义、内容与方法

周玉乔等认为在高校思想政治教育中讲好“共同富裕”，要从科学内涵、实践经验和实现路径三个方向，准确把握“共同富裕”的融入路径，要深刻把握党和国家的指导思想，落实立德树人根本任务，拓展思维模式与教学形式，将理论研究与课程实践相结合，推动思政课程与课程思政协同育人，构建“大思政课”格局（周玉乔等，2022）。

（三）在高校开展“共同富裕”教育的路径探索

齐小军认为“共同富裕”教育在本质上是一种以社会主义共同富裕理论、人的全面发展、财富正义与人生哲理为核心的思政教育。基于“共同富裕”教育思想的历史与内涵，提出以党史学习教育为基础，深化共同富裕理论研究，挖掘共同富裕示范典型，思政课程与课程思政“双轮驱动”的“共同富裕”教育基本路径（齐小军，2021）。

（四）将“共同富裕”发展理念融入思想政治教育的改革构想

钱大可认为科学地认识“共同富裕”的丰富内涵和时代要义，要求充分挖掘“共同富裕”中的思想政治教育元素。高校应将“共同富裕”的发展理念与现有思政教育内容进行深度融合，为培养有理想、有本领、有担当的时代新人助力，为共同促进全体人民“共同富裕”和实现中华民族伟大复兴的社会发展目标注入生生不息的动力之源（钱大可，2022）。

综上所述，我国在开展思想政治教育与精神“共同富裕”、课程思政与“共同

富裕”等方面已经取得了一定的研究成果。思想政治教育的目的和任务：一是基本层面，要培养中国特色社会主义合格的建设者和可靠的接班人；二是最高层面，要培养自由而全面发展的人。但现阶段关于高校思想政治教育助推“共同富裕”的研究不足。因此，研究高校思想政治教育助推“共同富裕”的实践路径至关重要。在理论上，有利于深刻把握在高校思想政治教育中讲好“共同富裕”的意义，有利于准确把握在高校思想政治教育中讲好“共同富裕”的内容，有利于丰富“共同富裕”蕴含的思想政治教育元素。在实践上，有利于推动构建高校思想政治教育“党建＋”工作模式，结合专业特色，打造党建育人品牌；有利于推动构建“大思政”格局，发挥思政课程与课程思政的“双轮驱动”作用；有利于完善德智体美劳“五育”并举全面发展的人才培养体系，培养又红又专的复合型人才；有利于引导大学生全面发展、培养爱岗敬业精神和正确的就业观、积极向基层和边远地区就业。

二、“共同富裕”理念在高校思想政治教育中的实践

党的十八大以来，中国共产党深入贯彻以人民为中心的发展思想，建成世界上规模最大的教育体系、社会保障体系、医疗卫生体系，人民群众获得感、幸福感、安全感更加充实、更有保障、更有可持续性，共同富裕取得新成效。党的二十大报告中指出，要实现好、维护好、发展好最广大人民根本利益，紧紧抓住人民最关心最直接最现实的利益问题，坚持尽力而为、量力而行，深入群众、深入基层，采取更多惠民生、暖民心举措，着力解决好人民群众急难愁盼问题，健全基本公共服务体系，提高公共服务水平，增强均衡性和可及性，扎实推进共同富裕。

高校作为为社会发展输送人才的“主阵地”，肩负着培养社会发展“接班人”的重任，更要紧跟时代发展步伐，将“共同富裕”理念融入思想政治教育工作。通过教育引导，提高大学生对“共同富裕”的认知水平，引导大学生积极参与实现“共同富裕”目标，坚定大学生实现“共同富裕”目标的信仰信念。

（一）“共同富裕”理念融入高校思想政治教育的重要意义

1.提高大学生对“共同富裕”的认知认同水平

“共同富裕”的目标源远流长，是人类社会一直以来的伟大理想和美好愿景。马克思提出“各尽所能，按需分配”的共产主义社会，毛泽东探索形成“生产资料公有、按劳分配、均中求富”的共同富裕模式，邓小平提出“部分先富，先富带动后富”的实现“共同富裕”路径，习近平新时代中国特色社会主义思想中蕴

含的“共同富裕”思想。高校大学生通过对“共同富裕”进行系统学习，充分了解“共同富裕”的来龙去脉，对“共同富裕”有全面的理解和把握，从而坚定实现共同富裕目标的信仰、信念。

2.引导大学生积极参与实现“共同富裕”目标

实现“共同富裕”目标需要扩大中等收入群体规模，高校大学生作为社会发展的“接班人”，充满了创新发展活力，是有望进入中等收入群体的重要方面。将“共同富裕”理念融入高校思想政治教育，一方面可以使大学生树立实现共同富裕的理想目标，认真学习，刻苦钻研，做到学有专长、学有所用，毕业后能够适应社会发展需要；另一方面，可以使大学生将自己的理论研究、社会实践和职业规划“与共同富”裕目标联系起来，积极参与到实现“共同富裕”目标的实践中去，为实现“共同富裕”目标贡献理论研究成果和人才技术服务。

3.确保高校思想政治工作紧跟时代发展

高校作为人才培养的“主阵地”，要紧跟时代发展步伐，将国家战略、社会发展规划纳入思想政治工作体系，充分发挥高校的知识储备优势和教育优势。实现“共同富裕”正是当下及今后社会发展的主题，这就要求高校思想政治工作将“共同富裕”作为一项重要内容，进课堂进教材进头脑，改进教育内容，创新教育方式，提高教育质量，使高校大学生充分了解掌握“共同富裕”，在思想上自觉将自身发展与“共同富裕”目标结合起来，行动上自觉向“共同富裕”目标靠拢用力。

(二)高校思想政治工作者传播实现“共同富裕”目标要把握的原则

1.“共同富裕”不是“杀富济贫”

“杀富济贫”是“损有余而补不足”二元思维的体现，是简单粗暴的加减法，不但不会增加社会整体财富，反而会损害生产积极性。“共同富裕”目标是在共同做大“蛋糕”的基础上分好“蛋糕”，通过“三次分配”，“取缔非法收入，形成中间大、两头小的橄榄型分配结构”。我国宪法保护公民合法的私有财产，这就决定了我们不能搞简单粗暴的“杀富”。增加低收入群体收入，也不是简单的“济贫”，而是在追求高质量发展的过程中改善民生。

2.“共同富裕”不是平均主义

“以史为镜，可以知兴替。”在社会主义改造与第一个五年计划取得伟大胜利的情况下，1958 年 5 月党的八大二次会议正式通过了社会主义建设总路线，号召全党和全国人民，争取在 15 年或者更短时间内，在主要工业产品的产量方面赶上和超过英国，会后，全国各条战线迅速掀起了“大跃进”的高潮。“大跃进”大搞“平均主义”，吃“大锅饭”，刮“共产风”，使国民经济比例严重失调，使社会主义建设事业受到重大损失。新时代的“共同富裕”不能搞平均主义，要以生产力的发展为根本前提，分阶段逐步实现。离开生产力的发展、综合国力的增强、社会的进步谈“共同富裕”，都是无源之水、无本之木。

3.“共同富裕”不是福利主义

要实现“共同富裕”目标需要预防福利主义陷阱，需要共创共建，不能等靠要，不能养懒汉。例如福利主义下的巴西，人民完全享受免费医疗，这样必然会出现过度医疗的问题，无病找病，小病大治，导致真正的病重者得不到及时救治。实现“共同富裕”目标需要为低收入群体提供福利，比如我们国家的医保制度规定了较高的报销比例，但不会完全免费。还有更多的是教育资源、公共服务向落后地区倾斜，而不是对低收入群体完全的供养。

（三）高校思想政治工作者要正确理解“共同富裕”主要内容

1.“共同富裕”是全体人民的富裕

“全面建成小康社会，一个也不能少；共同富裕路上，一个也不能掉队。”对享有主体而言，“共同富裕”不是总量富裕或者平均富裕，而是全体人民的“共同富裕”。但“共同”不是“同时”或者“同样”，因此“共同富裕”不是同时富裕，允许一部分人先富起来，通过先富带动后富；“共同富裕”也不是同样富裕，允许有差别的富裕，这样也可以鼓励生产积极性，推动科技创新，使经济能够持续发展。“共同富裕”是在追求高质量发展的过程中改善民生，比如将教育资源更多地向相对落后的地区倾斜；在基本公共服务的建设上，向三四线城市、农村地区倾斜；创造更多的就业机会、提供职业技能培训。

2.“共同富裕”是人民群众全面富裕

从评价内容而言，“共同富裕”不只是物质富裕，而是物质和精神都富裕。“全体人民通过辛勤劳动和相互帮助，普遍达到生活富裕富足，精神自信自强，环境宜居宜业，社会和谐和睦，公共服务普及普惠，实现人的全面发展和社会全面进步，共享改革发展成果和幸福美好生活。”“共同富裕”是与政治、经济、社会、文化和生态环境“五位一体”总体布局高度相关，使人民共同享有政治自由、经济富足、社会价值、文化服务和生态环境宜居。

3.“共同富裕”是所有人民能够持续富裕

从共享发展角度来说，“共同富裕”不是一时富裕或者一段时间富裕，而是能够持续富裕。因此,“共同富裕”需要授人以渔,提高人民群众劳动致富的能力,通过提高教育和健康投入以提高人力水平,通过社会改革、经济改革以提高社会组织水平,排除阻碍劳动者参与发展、分享发展成果的障碍,让全体人民有机会、有能力均等地参与高质量经济社会发展,从而使人民能够实现体面劳动、全面发展,通过共享发展实现持续富裕。

(四)“共同富裕”理念融入高校思想政治教育的方法途径

1.挖掘“共同富裕”元素,融入教育教学环节

积极贯彻落实全国高校思想政治工作会议上关于课程思政的重要精神及《高校思想政治工作质量提升工程实施纲要》重要内容,结合学校和专业特色,发挥课堂“主渠道”作用,挖掘专业课程中蕴含的“共同富裕”元素,同时将“共同富裕”的思政育人元素融入专业教学中,通过课堂主讲、小组讨论、实践教学等方式,实现专业学习与思政元素的有效融合。通过教师全员参与,教育教学活动贯穿大学生成长全过程,课堂内外、线上线下、校内校外协同联动,使学生在掌握专业知识的基础上,提升用历史、发展的观点分析问题的能力,增强爱国情怀和社会责任感,树立对中华民族伟大复兴中国梦的信心。

2.立足“共同富裕”理念,德智体美劳五育并举

2018 年全国教育大会提出:“培养德智体美劳全面发展的社会主义建设者和接班人,加快推进教育现代化、建设教育强国、办好人民满意的教育。”“共同富裕”内容与德智体美劳全面发展是高度统一的。在“德育”方面,教育引导大学生培育和践行社会主义核心价值观,厚植爱国主义情怀,加强对大学生的法治教育,使学生养成遵纪守法的良好习惯。在“智育”方面,教育引导学生珍惜学习时光,通过学习积累知识、开拓视野、敢于创新、勇于实践。在“体育”方面,树立健康第一的教育理念,在体育课程基础上,开展体育类比赛、体育锻炼积分等活动,引导大学生加强体育锻炼,丰富大学生业余生活,锤炼品质。在“美育”方面,开设美术、音乐、歌舞剧等选修课程,开展才艺展示、文艺比赛等活动,提高大学生的审美和人文素养。在“劳育”方面,开设劳动教育课程,开展形式多样的劳动实践活动,引导学生弘扬劳动精神,促进学生养成良好的劳动习惯,树立正确择业观,同时也可以提升学生的就业创业能力。

3.聚焦“共同富裕”目标,发挥“实践育人”成效

“学到的东西,不能停留在书本上,不能只装在脑袋里,而应该落实到行动上,做到知行合一、以知促行、以行求知。”高校可以组织大学生参与支教、社会

调研等实践活动，通过与弱势群体、边缘人群、贫困地区人群的接触与交流，不断加深大学生对我国国情、民情的体验和感受，增强社会责任感，将学到的理论知识转化为实现“共同富裕”目标的思想自觉和行动自觉。高校要引导大学生将个人命运与国家命运联结起来，向基层就业、积极创业，通过率先实现自身的富裕，同时也通过缴纳税金、提供就业、承担社会责任等，为推动“共同富裕”创造物质条件。

4.坚定“共同富裕”信念，促进国内外发展交流

“经过全党全国各族人民持续奋斗，我们实现了第一个百年奋斗目标，在中华大地上全面建成小康社会，历史性地解决了绝对贫困问题，正在意气风发向着全面建成社会主义现代化强国的第二个百年奋斗目标迈进。”中国在解决绝对贫困问题、全面建成小康社会的有益经验为那些决心摆脱贫困、实现富裕的发展中国家提供了中国智慧和中国方案。我国现在作为世界上留学生群体最大的生源国，留学生群体作为中外交流的纽带，既可以将中国在实践共同富裕道路上取得先进经验传播出去，也可以将其他国家的有益经验介绍进来，兼容并蓄，积极探索，使“共同富裕”目标顺利实现，世界人民生活水平日益提高。

三、发挥海外留学生优势，讲好中国故事

2021年5月31日下午，中共中央政治局就加强我国国际传播能力建设进行第三十次集体学习。习近平总书记在主持学习时强调，讲好中国故事，传播好中国声音，展示真实、立体、全面的中国，是加强我国国际传播能力建设的重要任务。通过喜闻乐见的方式来传播中国声音，弘扬中国精神，无疑是让世界减少质疑从而全方位了解中国的好方法。《2020年中国留学白皮书》显示，2019年我国出国留学人数达到71万，是世界上最大的留学生生源国。海外留学生是我国宝贵的人才资源，他们正处于自我意识和价值观念逐步趋于稳定与成熟的关键时期，他们既努力寻求新知，也有强烈的表达欲望。通过海外留学生“讲好中国故事”既是增强留学生文化自信、民族自信心和自豪感的必然要求，也是提升中国国际认同的有效途径。

（一）海外留学生“讲好中国故事”的重要意义

1.巩固文化自信

文化是一个民族的灵魂和标志，是一个民族的精神家园，是民族认同、国家认同和民族凝聚力、创新力和发展力的基础，是国家的“软实力”。海外留学生正处于世界观、人生观、价值观成熟的关键时期，出国后会接触到与国内存在显

著差异的生活方式与习俗，易受到当地文化的感染，若不加以取舍，很有可能被一些极端的自由主义、享乐主义、个人主义等有害思想观念影响，这将对我国人才思想道德修养、综合素质发展及意识形态安全带来很大挑战。留学生“讲好中国故事”也是自我教育的过程，通过向他人讲述可以加深对中国历史脉络、发展逻辑的理解，提高对中国美好发展前景的期望，也可以进一步巩固文化自信，牢固树立学成归国、报效祖国的使命感。

2.提高国家话语权

改革开放以来，中国经济快速发展，特别是党的十八大以来，中国国内生产总值稳居世界第二，成为世界上第二大经济体。高铁、公路、桥梁、港口、机场等基础设施建设快速推进，“天宫”“蛟龙”“天眼”“悟空”“墨子”“大飞机”等重大科技成果相继问世，“中国制造”创下了多个世界纪录，许多行业已是世界第一。但中国一直在国际上缺少话语权，欧美等西方国家对国际话语权形成垄断。虽然我国秉持独立自主和平外交政策，但个别国家大肆炒作“中国威胁论”，导致世界人民对中国知之甚少，甚至对中国发展存有担忧。中国留学生在中外文化交流中具有桥梁作用，可以通过知识交流、社会实践等多种途径来讲述中国故事，传播中国治国理政新理念、新思想、新战略，全方位展示中国面貌。

3.回应国际期盼

在2008年经济危机后，中国在社会经济发展中创造了一个又一个奇迹，世界人民都将眼光转向了中国，期盼中国能够给出一些发展经验。目前世界上还存在许多贫困人口，发达国家也存在贫困人口问题，亟须共享中国成功经验，解决贫困这个世界难题。海外留学生在中外文化交流中扮演着民间大使的角色，非常有利于讲述改革开放、精准扶贫等中国故事，回应国际期盼，增强世界人民对美好生活的信心。

(二)海外留学生“讲好中国故事”的主要内容

5000多年的中华文明源远流长，到世界范围内去讲，需要讲听众愿意听的、能够引起共鸣、回味与思考的故事。海外留学生在讲中国故事时应该做好内容的取舍，讲好中国故事更要讲中国好故事，在确保故事内容真实可靠的前提下，讲那些能够体现中国优秀传统文化、中国特殊国情、中国与时俱进的大家喜闻乐见的故事。

1.讲好中国优秀传统文化的故事

作为世界上四大文明古国之一，中华文明已经延续了5000多年，在历史长河中形成的内在文化特质已经变成了中华民族的文化基因，世世代代流淌在华夏儿女的血脉之中，是中国人思维观念、行为方式、道德准则的发源地，是国家进步、民族复兴的精神基石。儒家有推己及人的“仁爱”思想，墨家有反对侵略的“兼爱非攻”思想，道家有“水利万物而无与争”的“无为”思想，这些思想与西方世界流行的基督教文化中的平等之爱都是相通的。通过讲述中华优秀传统文化故事，可以更好地使中国文化融入世界文化。

2.讲好中国共产党治国理政的故事

中国共产党作为世界第二大经济体——中国的执政党，其团结带领中国人民追求国家富强、民族复兴的成就举世瞩目。这也为世界上其他一些依然贫穷、落后的国家提供了经验：国家进步要走自己的路，一味照搬别人的，不从本国国情出发，就容易变成邯郸学步。“独特的文化传统，独特的历史命运，独特的基本国情，注定了我们必然要走适合自己特点的发展道路。”中国共产党铁腕反腐将“权力关进制度的笼子里”，中国人民全面脱贫攻坚努力使“小康路上不落下一个人”，秉持“绿水青山就是金山银山”推进生态文明建设。通过讲述共产党治国理政这些实实在在的故事，可以提高中国共产党在世界人民心中的魅力。

3.讲好中国未来发展的故事

“大道之行也，天下为公。”和平、发展、公平、正义、民主、自由，是全人类的共同价值，也是联合国的崇高目标。目标远未完成，我们仍须努力。当今世界，各国相互依存、休戚与共。我们要继承和弘扬联合国宪章的宗旨和原则，构建以合作共赢为核心的新型国际关系，打造人类命运共同体。世界形势总体和平，但局部冲突不断，西方一些发达国家民粹主义、保守主义、排外主义甚嚣尘上，不想看到中国日益强大，极力炒作“中国威胁论”，企图在世界范围内围堵中国，破坏中国的发展进程。“中国梦是追求和平的梦，追求幸福的梦，奉献世界的梦。实现中国梦给世界带来的是机遇不是威胁，是和平不是动荡，是进步不是倒退。”海外留学生要通过讲述构建人类命运共同体、“一带一路”共建、亚洲基础设施投资银行等中国为谋求世界和平发展做出的贡献，使国际社会理解中国走和平发展道路的决心，向世界展示一个心忧天下的情怀中国。

（三）海外留学生“讲好中国故事”的方法途径

通过海外留学生来“讲好中国故事”的实践主体是海外留学生，但对高校、留学生团体也提出了更高的要求，只有高校、留学生团体和海外留学生共同努力，才能真正“讲好中国故事”。

1.发挥好高校在“讲好中国故事”中的引导作用

留学生所属国内高校作为留学生学习成长的“大本营”，对留学生“讲好中国故事”具有十分重要的引导作用。高校要将“讲好中国故事”作为一项重要的教育内容，渗透到教学全过程，使学生始终能够受到相关教育。一是在课程设计中加入中国故事内容。高校要把中国故事列入课程计划中，从学生入校到毕业，有计划有重点地对中国历史文化进行学习，将历史融入一个个鲜活的故事中，给学生打下坚实的中国文化基础。二是在实践活动中融入中国故事主题。组织学生参观革命纪念馆，感受先辈们为解放全中国浴血奋斗的光荣事迹。开展讲中国故事相关演讲比赛、辩论赛，调动学生自我学习、自我研究的积极性。

2.发挥好留学生团体在“讲好中国故事”中的重要作用

出国留学生在某一国家人数多的时候，大都会建立留学生团体，像学生学者联谊会、中国学联等，留学生团体在帮助留学生适应国外环境、维护留学生利益方面具有非常重要的作用。发挥好留学生团体在“讲好中国故事”中的作用，一是在交流活动中传播中国文化。留学生团体在组织中国留学生与国外学生交流中可以设计一些具有中国特色的活动，如写毛笔字、练武术等，并根据活动营造出具有中国文化的氛围，使大家在活动中充分感受中国文化的魅力，从而产生对中国文化的研究兴趣。二是在国家议题上维护中国利益。在外中国留学人员团体除了积极开展各种中国优秀传统文化传播活动，也要积极支持留学人员的爱国行为。三是在世界议题上传播中国声音。在外中国留学生团体可以在环境保护等共同关心的问题上传播中国先进做法，提高世界人民对中国的了解。

3.发挥好海外留学生在“讲好中国故事”中的主体作用

留学生接触范围广泛，可以利用知识交流、社会实践等多种途径提高中国故事的影响力。一方面，海外留学生在“讲好中国故事”中要始终坚持客观、全面、辩证地向海外人员展现真实的中国，尊重历史客观事实，这样有利于消除历史虚无主义的负面影响，使国家利益得以更好维护、国家形象得以更好展现、国家魅力得以更好诠释。另一方面，海外留学生要不断增强自身对中国文化的学习和理解，只有自身真信、真懂，才能更好传播中国故事。如果在他人的疑问中语焉不详，反而降低了中国故事的可信度，最终结果只能是适得其反。

(四)总结

随着中国综合国力的不断提高，中国在国际社会上的影响也会越来越大，国际社会对中国的期盼也会越来越多，了解中国的愿望也会越来越强烈。海外留学生作为国家的新生力量，作为世界人民的一分子，有责任也有义务向世界展示一个真实的中国，向世界人民讲述中国经验、传播中国智慧。海外留学生在实践中要不断探索“讲好中国故事”的途径方法，不断完善“讲好中国故事”的内容，通过“讲好中国故事”不断增强自身的文化自信，为提高中国在国际社会上的话语权而贡献自己的力量。

四、促进大学生精神生活“共同富裕”的培育路径

“共同富裕”是社会主义的本质要求，是中国共产党人的初心使命，是中国式现代化的重要特征。党的二十大报告指出：“中国式现代化是物质文明和精神文明相协调的现代化。物质富足、精神富有是社会主义现代化的根本要求。”中国已经全面建成小康社会，历史性地解决了绝对贫困问题，创造了促进共同富裕的良好氛围。“仓廪实而知礼节，衣食足而知荣辱。”精神生活富裕是更高层面的追求，促进精神生活共同富裕是社会主义共同富裕的内在条件，也是中国式现代化的重要特征。作为培养社会主义合格建设者和可靠接班人的关键阵地，高校要运用各种有效途径、资源和载体，引导大学生树立正确的思想认识和价值认知，培养良好的思想品德和精神素质。促进大学生精神生活共同富裕的培育路径主要有以下几方面。

（一）以马克思主义为指导，筑牢思想根基

坚持以马克思主义指引精神生活共同富裕的正确方向，尤其要深入学习贯彻习近平新时代中国特色社会主义思想，把正确的政治方向贯穿育人的全过程，大力推动习近平新时代中国特色社会主义思想进教材、进课堂、进头脑。习近平新时代中国特色社会主义思想是当代中国马克思主义、21 世纪马克思主义，是中华文化和中国精神的时代精华，丰富了马克思主义的中国化成果，实现了马克思主义中国化新的飞跃，同时也展现了党的创新理论有着新的思想高度、文化广度和精神深度。高校要不断创新理论传播方式，丰富理论传播手段，拓宽理论传播渠道，提升大学生的精神境界，筑牢思想根基，促进大学生精神生活共同富裕。

高校要发挥思政课程与课程思政“双轮驱动”作用。在思政课程中，引导大学生深刻领会和把握习近平新时代中国特色社会主义思想体系贯穿的立场观点方法，深刻领会和把握其中蕴含的精神内核和科学的世界观、方法论。在开

展课程思政中，积极贯彻落实全国高校思想政治工作会议上关于课程思政的重要精神。依托学校及专业特色，发挥课堂"主渠道"作用，从专业课程中寻找并发掘思政教育的元素。同时，把习近平新时代中国特色社会主义思想融入专业教学中，通过讲授、小组讨论及实践教学等手段，促使专业学习与思政教育元素有机融合。

（二）以社会主义核心价值观为引领，加强校园文化建设

推动个人全面发展、促使社会和谐稳定及保障国家长治久安的最持久、最深层的精神力量就是社会主义核心价值观，它是当代中国精神的核心要义。习近平总书记指出："要促进人民精神生活共同富裕，强化社会主义核心价值观引领，不断满足人民群众多样化、多层次、多方面的精神文化需求。"世界百年变局加速演进，各种文化思潮不断碰撞，真假信息难辨，深刻影响着学生们的思想认知和价值取向。校园文化对于培养学生的思想认知、道德观念和精神涵养具有重要价值，它是大学思想政治教育的重要资源。为了最大限度地发挥校园文化的育人功能，高校需要深化对如何有效地将社会主义核心价值观贯穿于校园文化活动和校园公共文化服务体系的探索和研究，以满足大学生在不同维度的精神文化需求。

第一，加强宣传和引导。依托微信公众号、网站等众多渠道，创造并分享高品质的网络文化内容，大力弘扬中华优秀传统文化，大规模宣扬爱国主义、集体主义、社会主义思想，以及社会公德、职业道德、家庭美德和个人品德等方面先进事迹，塑造快乐健康的精神文化环境，促使大学生积极进取、积极善待他人、积极追求美好生活，为大学生的精神生活充实和丰富奠定坚实基础。另外，充分利用新兴媒体和传播技术，构建特色鲜明、立体分层的校园文化全媒体传播矩阵，以扩大其覆盖范围和提升影响力，以满足大学生的精神文化需求。

第二，将中华优秀传统文化融合于校园文化活动。习近平总书记指出："无论哪一个国家、哪一个民族，如果不珍惜自己的思想文化，丢掉了思想文化这个灵魂，这个国家、这个民族是立不起来的。"中华优秀传统文化是中华文明的核心和智慧的结晶，它是中华民族在五千多年的历史实践中积淀和孕育而成的思想文化体系。在校园文化活动中融入优秀的传统文化，例如举办以传统文化为主题的演讲、展览及文化节等活动，可以让大学生在参与文化活动过程中，能够亲身体验、理解并实践中华优秀传统文化，体会它们的魅力和深远含义，激励他们追求积极乐观的价值观，丰富他们的精神生活，并自觉做到抵制粗俗、庸俗、低俗等“三俗”文化现象。

第三，健全完善的校园公共文化服务体系，大力发展校园公共文化事业。通过建设文化长廊、公共阅读室、自习室、研讨室、体育馆、文化活动室等公共文化设施，为大学生提供舒适的生活环境、学习环境和优质丰富的文化资源，切实满足大学生的精神文化需求。与此同时，利用新兴网络技术如大数据、云计算和人工智能等来丰富数字文化资源，并建立“互联网＋”公共文化服务平台，如数字化阅读和学生在线社区服务平台等来提升数字化文化服务的效率，以便有效提高大学生的精神生活质量和品格。

（三）以劳动教育为抓手，激发大学生精神生活共同富裕的主观能动性

人们精神生活的富裕在根本上是需要依托实践活动来达成内在精神与客观实在间协调合一的状态，其并不单纯存在于文化精神领域。劳动是人类最基本的实践活动。“以劳动托起中国梦。”这句话阐明了劳动在实现民族复兴的伟大征程中的重要作用。党的十八大以来，习近平总书记在多个场合强调了劳动教育的重要价值，并且多次从社会主义教育的特殊性，以及党和国家可持续发展需要人才的角度，对劳动教育进行了深入解读。劳动教育是教育的重要组成部分，将其融入培养时代新人全过程具有重要意义。

培养德智体美劳全面发展的社会主义建设者和接班人，加快推进教育现代化、建设教育强国、办好人民满意的教育。高校要将劳动教育摆在与“德智体美”教育同等重要的位置，努力构建德育、智育、体育、美育与劳动教育高度融合的优秀人才培养模式。设立劳动教育课程，举行各种形式的劳动实践活动。教育引导学生热爱、尊重、理解劳动的价值，并加强对创新和勤劳致富的认知及行动。大力倡导劳模精神、劳动精神和工匠精神，协助学生培育良好的劳动态度，确立正确的职业方向，并提高他们的就业和创业能力。

高校可以组织大学生参与支教、社会调研等实践活动，通过与弱势群体、边缘人群、贫困地区人群的接触与交流，不断加深大学生对国情、民情的体验和感受，增强社会责任感，将学到的理论知识转化为实现共同富裕目标的思想自觉和行动自觉。高校需要引导大学生将他们的未来愿景与国家的远景相结合，鼓励他们勇敢地在基层工作。同时，引导大学生积极创新并创立自己的事业，通过纳税、提供就业机会及承担社会责任等多种手段，为推动共同富裕创造物质条件。

基于积极心理学视角的大学生积极就业心理品质培养对就业成功的影响机制研究

一、课题理论依据

(一)研究现状

通过关键词进行文献检索,中国知网现有"积极心理品质"相关期刊1.5万篇,学位论文2467篇;"积极就业心理品质"相关期刊2222篇,学位论文362篇。研究内容主要集中在以下几方面。

第一,关于积极心理品质培育路径的研究。葛伟丽从积极心理学理论视角出发,聚焦目前高校心理健康教育的弊端和短板,提出丰富心理健康教育的工作形式、整合心理健康教育资源,促进积极环境建设、注重培养教师自身积极心理品质等措施。杨春燕以当代大学生的积极心理品质培养为主题,分别从积极心理学的理论内涵、当代大学生出现的心理品质问题、积极心理学对大学生积极心理培养的启示和当代大学生积极心理品质培养的路径4个方面进行阐述,以促进当代大学生身心健康和人格发展。葛楠从积极心理学的角度出发,结合当代大学生的心理特点,提出加强大学生思想政治教育建设、拓宽大学生积极心理健康教育途径、加强学生主体的自我培养意识等措施。

第二,关于就业心理问题的研究。卓朋涛基于积极心理学的研究视角,提出了解决大学生就业心理问题的三级干预措施。尹祥借助积极心理学的理念,提出通过提升大学生幸福感、挖掘积极特质和构建积极社会组织支持系统来对大学生进行就业心理疏导等措施。

第三,关于就业能力提升的研究。刘婷针对大学生能力培养的现状,将积极心理学与大学生就业能力的培养有机结合,分析了积极心理学对大学生就业能力培养的影响,深入研究积极心理学视域下的大学生就业能力的培养并在此基础上提出基于积极心理学提升大学生就业能力的相关措施。张孝凤根据就业力心理结构中的个体特质因素和社会性因素两个方面，从大学生个体、高校和社会三个层面着手，探索从培养大学生的积极心理品质、构建积极的社会环境、设定积极的改变进程等路径提升就业力。

第四，关于积极就业心理品质的培养路径研究。刘华欣提出健全促进大学生就业的服务体系、促使学生拥有乐观的就业态度、提高大学生自身的身心素质等对策。易丽阐述了培育大学生积极就业心理的重要性及培育大学生积极就业心理的对策，包括政府加大力度构建积极的就业政策环境、引导大学生树立正确的就业价值观、营造全社会帮扶大学生就业的良好氛围、大学生应形成积极的就业认知等。

总之，国内学者多从心理学、教育学和就业能力提升等角度进行研究，主要侧重于大学生就业心理品质的培养和就业能力提升，也多停留在理论层面的分析，缺乏基础数据和案例的支撑，关于大学生就业心理品质对就业成功的影响机制的研究成果较少。国外一些行为经济学领域的研究学者在行为决策、心理预期和自我认知等方面进行研究，探索了大学生就业成功与心理品质的关联性。但是目前这些研究多停留在调查分析层面，缺乏对心理机制和影响路径的深入探究。

基于此，本课题拟从积极心理学视角出发，运用问卷调查和实地访谈等方法深入研究大学生积极就业心理品质的培养对就业成功的影响机制，为大学生就业提供新的视角和理论支持。

（二）选题意义

1. 理论意义

（1）拓展了积极心理学应用研究范畴。积极心理学主要研究人的自身所具有的及社会所存在的积极因素等，以此来帮助人们找到如何幸福的学科。本课题将积极心理学运用到大学生积极就业心理品质培养对就业成功的影响机制中，并且融入了教育学、行为经济学等相关学科研究精华，在一定程度上拓展了积极心理学的应用研究范畴。

（2）进一步深化了高校就业教育研究。“就业教育是以就业择业、职业发展、职场规划为主要内容的职业教育重要一环。”从就业教育的内容以及想要达到的教育效果来看，高校就业教育包含培育大学生积极就业心理品质的内容，所以要提高对大学生就业心理品质培育的重视度。而本课题将积极心理学的相关知识理论合理地运用到大学生就业心理品质培育上,不仅能帮助大学生形成积极的就业心理品质,并且能为高校就业教育路径和政策的制定提供科学依据。

2.现实意义

(1)有利于提升大学生就业心理品质培育的实效性。本课题在问卷调查和实地访谈的基础上,整理分析大学生就业心理问题及问题产生原因。根据积极心理学的教育理念和方法,提出培养大学生积极就业心理品质的对策。在此基础上保证所提出的对策具有合理性和可操作性,能够切实促进大学生形成积极的就业心理品质。

(2)有利于提升大学生就业积极性和就业成功率。培养大学生积极就业心理品质,有助于大学生主观能动性的发挥,提升他们的就业信心,最主要的是能够帮助大学生在就业上取得成功。将积极心理学理论运用到大学生就业心理品质培育的实践中会使大学生在积极就业、成功就业的同时增加自身的主观幸福感和获得幸福。

(3)有利于提升就业政策的有效性。大学生就业是当前社会关注的焦点之一。大学生群体的心理发展还处于不成熟、不完善、不稳定的阶段,当其面临严峻的就业形势和激烈的就业竞争时,容易出现就业心理问题,进而影响其身心健康和职业发展。在积极心理学理论的指导下,本课题通过分析大学生积极就业心理品质的培养对其就业成功的影响机制,不仅可以为学生的职业生涯发展提供科学依据,而且研究结果还可以为相关政府部门和社会组织提供决策参考,有助于优化大学生就业政策和提高就业服务质量。

(三)研究价值

积极心理学作为一门理解并帮助人们获得幸福和主观幸福感为目的科学学科,对于高校心理育人工作体系建设具有重要的指导和借鉴意义。本课题以积极心理学视角探究大学生积极就业心理品质培养对就业成功的影响机制,第一,通过对大学生积极就业心理品质的培养进行深入研究,可以为大学生就业心理教育提供理论支持和指导,有助于推动大学生就业能力的提升。第二,通过分析大学生积极就业心理品质对就业成功的影响机制,可以为大学生个人就业规划和职业发展提供科学依据,有利于促进大学生更好地适应就业市场和实现就业目标。第三，研究结果还可以为相关政府部门和社会组织提供决策参考，有助于优化大学生就业政策和提高就业服务质量。因此，有着较高的研究价值和应用价值。

二、研究目标

本课题旨在通过积极心理学视角，深入探究大学生积极就业心理品质的培养对就业成功的影响机制。主要研究目标如下。

(1)分析大学生积极就业心理品质的内涵和构成要素，明确其在就业过程中的作用机制。

(2)探讨大学生积极就业心理品质的培养途径及方法，包括教育培训、心理干预等具体措施。

(3)考查大学生积极就业心理品质与就业成功之间的关联性，以及其中的中介变量和调节变量。

(4)提出针对大学生积极就业心理品质的培养策略，为提升大学生就业成功率提供可行建议。

三、研究内容

(一)研究对象

本课题的研究对象为大学生群体，具体包括来自不同专业和年级的本科生和研究生。研究对象的选择是基于其作为大学生群体的特殊属性，他们处于求职阶段，面临着就业压力和心理品质培养的需求。通过对这一特定群体的研究，可以更好地理解积极就业心理品质的形成机制和对就业成功的影响，为大学生就业心理品质的培养提供理论和实践指导。

(二)研究内容

本课题将以积极心理学作为理论依据，深入探讨大学生积极就业心理品质的培养对就业成功的作用影响。

(1)通过文献综述和问卷调查等定性和定量分析方法，系统梳理大学生积极就业心理品质的内涵、构成要素以及其对就业成功的重要性。

大学生就业心理品质是大学生在与就业环境、就业教育、就业实践活动等交互作用过程中形成的对自己就业活动有重要影响的所有心理品质的总和，是其理性择业、顺利就业、成功适应职业的心理基础。大学生积极就业心理品质是指在择业、就业过程中，大学生具有正面的就业认知、乐观进取的就业情绪、主动参与就业的意志品质和适度的动机、良好的能力和性格等优良的个性心理等所有心理品质的总和。在择业、就业过程中，大学生积极就业心理品质能够帮助他们树立正确的自我认知和就业认知，引导他们树立正确的就业取向，形成坚定的就业意志，培养积极乐观的态度，提升大学生自身就业竞争力，从而有助于大学生实现有效就业，并对自己未来职业的发展有着积极促进的作用。

(2)采用实证分析方法，剖析积极就业心理品质对择业观、就业目标选择、就业信心与态度、就业努力程度、就业技能提升等因素的影响，为大学生积极就业心理品质的培养提供理论支撑和实践指导。

调查问卷主要围绕大学生的就业心理表现等内容展开，以期了解大学生就业过程中的心理状态。通过相关性分析，剖析正面的就业认知、乐观进取的就业情绪、主动参与就业的意志品质和适度的动机、良好的能力和性格等优良的个性心理对择业观、就业目标选择、就业信心与态度、就业努力程度、就业技能提升等因素的影响程度。与此同时，在填写问卷的学生中选择10%的学生进行访谈，以期进一步了解大学生的就业决策过程和心理状态，了解他们在就业选择和面对挫折时的心理表现，为大学生积极就业心理品质的培养提供理论支撑和实践指导。

(3)基于研究结果，提出针对性的大学生积极就业心理品质培养策略，探讨其在提升大学生就业成功率和就业质量中的实际应用价值。

积极心理学从个体自身的实践、个体认知的改变及个体对自身的评价等方面来探讨如何发掘人的潜能、调动人的积极因素，使个体保持积极向上的心理状态。积极心理学提出的积极视角理论、积极体验理论、乐观解释风格理论、社会支持系统理论、积极自我理论和情境力量理论等为培养大学生积极就业心理品质提供了理论指导。结合问卷调研和实地访谈等实证研究，从个体、高校、家庭、政府等多个角度分析，提出大学生积极就业心理品质培养策略。同时，通过相关性分析，探讨大学生积极就业心理品质培养在提升大学生就业成功率和就业质量中的实际应用价值。

四、创新之处

(1)通过积极心理学分析大学生就业决策的心理机制，探讨积极就业心理品质的形成过程和影响因素。

(2)针对大学生就业心理品质的培养途径和方法进行探讨，提出有效的培养机制和合理建议。

(3)从就业市场角度，分析积极就业心理品质对就业成功的影响机制，剖析其在职业发展中的作用及意义。

(4)结合积极心理学理论，深入研究大学生就业过程中的行为模式和决策机制，揭示积极就业心理品质与职业发展之间的关联。

五、研究思路与方法

(一)研究思路

本课题严格按照“选题论证—制定计划—文献研究—问卷调研和实地访谈—交流总结”的程序进行。从积极心理学的视角出发，采用问卷调查和实地访谈相结合的方法，以大学生就业心理品质的培养为切入点，通过分析大学生在就业过程中的决策行为、心理状态和就业结果，探究其对就业成功的影响机制。首先，将构建大学生积极就业心理品质的评价指标体系，包括正面的就业认知、乐观进取的就业情绪、主动参与就业的意志品质和适度的动机、良好的能力和性格等优良的个性心理等。其次，通过实地访谈了解大学生的就业决策过程和心理状态，了解他们在就业选择和面对挫折时的心理表现。最后，将采用统计分析方法对调查数据进行处理和分析，从而得出大学生积极就业心理品质对就业成功的影响机制和作用路径。

(二)研究方法

本课题将采用问卷调查和实地访谈相结合的方式，以获取大学生积极就业心理品质培养对就业成功的影响机制的相关数据和信息。问卷调查将覆盖广泛的大学生群体，包括不同专业、不同年级和不同就业意愿的学生，以获取多样化的样本。实地访谈将选择部分参与问卷调查的学生进行深入交流和访谈，便于补充和丰富问卷调查的数据，以获取更具体、深入的信息，提高研究深度和广度。

在数据分析上，本课题将运用 SPSS 等统计分析软件对问卷调查数据进行统计分析，包括频率统计、相关性分析等；同时，对实地访谈的内容进行质性分析，以获取更深层次的见解和发现。通过量化分析和质性分析相结合的方式，全面地探究大学生积极就业心理品质培养对就业成功的影响机制。

六、研究路线与实施步骤

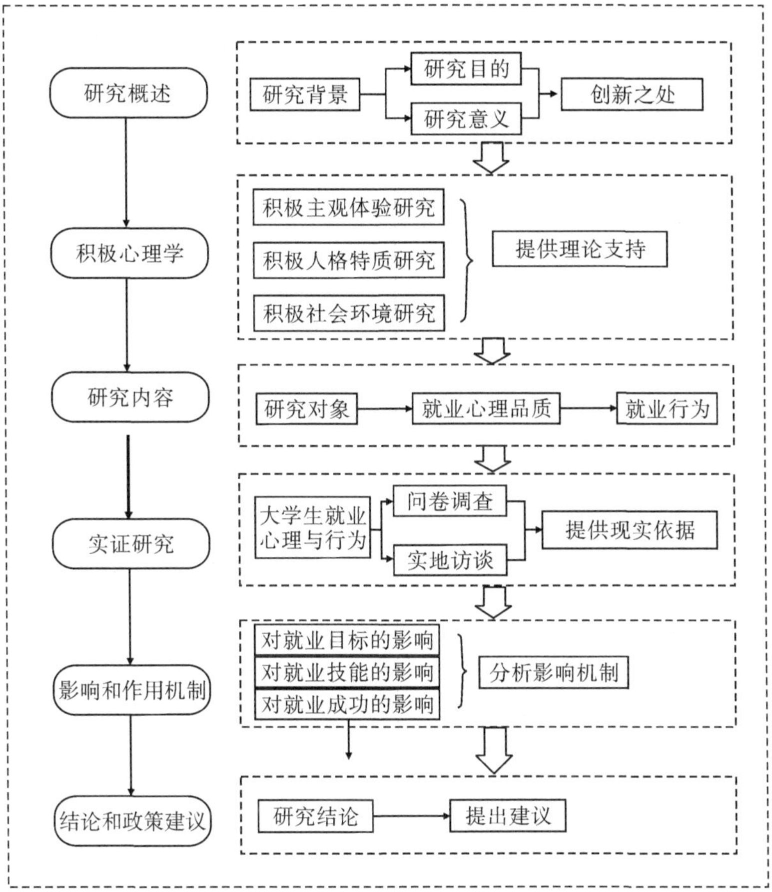

图 1　技术路线图

通过问卷调查和实地访谈，收集大量大学生就业心理品质数据，采用积极心理学理论，探究大学生积极就业心理品质的培养对就业成功的影响机制（见图 1）。实施步骤分为 3 个阶段。

第一阶段（课题启动）：

（1）资料收集：细化课题内容、列提纲、制订计划、搜集查阅文献。

（2）进行文献综述和理论框架构建，明确研究的理论基础和方法路径。

第二阶段（课题实施）：

（1）开展问卷调研和实地访谈，收集大学生就业心理品质数据。

（2）完成研究报告《大学生就业心理问题调查分析与研究》。

第三阶段(结题与总结)：

(1)采用积极心理学理论进行数据分析和结论论证。

(2)撰写并发表论文《基于积极心理学视角的大学生积极就业心理品质培养对就业成功的影响机制研究》。

思想政治教育视角下非通用语种大学生心理健康状况研究

一、国内外研究现状和发展趋势

1. 国内外研究现状

在思想政治教育研究方面，我国的研究已经趋于成熟，骆郁廷(2008)在《改革开放以来高校思想政治教育的基本经验》一文中，从多角度总结了思想政治教育的基本经验，突出了大学生精神文化的重要地位，提出把文化软实力的内容加入到思想政治教育的任务中去。郑元景(2011)在《新媒体环境下高校思想政治教育实效性探析》一文中，将新媒体的影响作用加入到思想政治教育过程中，旨在扩展思想政治教育的领域，打造复合型思想政治教育专家，并形成新媒体监督机制。学者们深入探讨了思想政治教育的本质，总结了思想政治教育的经验，提出了要不断加强思想政治教育的实效性。

在大学生心理健康问题研究方面，尹立颖(2016)研究发现，大学生心理问题主要表现在强迫、人际关系、敌对三个方面。其中，男女生在心理问题方面没有表现出显著差异；一年级学生心理健康水平低于三年级心理健康水平。陈鹏(2009)认为，“大学生常见的心理问题主要表现在适应环境问题、自我认识问题、人际关系障碍和适应不良等方面。”杨钰(2015)认为，“大学生形成一个健康的生活方式是培养大学生正确人格、良好品质的重要基础”。

在思想政治教育视角下大学生心理健康研究方面，邓金秋(2015)认为大学生的心理健康问题主要由现实社会环境负能量、学校应试教育模式、家庭重智商、轻心商的教育理念及大学生自我发展不平衡等因素造成，提出了大力弘扬现实社会环境的正能量、学校要努力践行素质教育、家庭应注重大学生智商与心商和谐统一发展以及大学生自身要注重均衡发展等解决对策。刘鹏飞(2010)提出在思想政治教育中科学定位心理健康教育，深化“以人为本”的教育管理理念、尊重学生的主体性，在思想政治教育中渗透心理健康教育，结合大学生学习和心理特点设置高校的思想政治教育内容。吴巧巧(2017)在理论分析基础上，通过问卷调查对大学生的思想政治素质、心理健康水平以及高校思想政治教育和心理健康教育协同创新的影响因素进行调查，对当前高校思想政治教育和心理健康教育协同创新现状进行实证分析。

关于国外大学生心理健康问题的研究，姚本先等(2007)研究了国外大学生心理健康的现状，仔细分析了国外心理健康教育的趋势，得出国外心理教育重视人本的教育理念，具有整合多学科的教育趋势，以及从本国历史出发，进行心理本土化教育，得出对我国进行大学生心理健康教育的启示。

2. 目前研究的不足之处

目前国内针对大学生思想政治教育和心理健康教育相结合研究的理论较多，但缺乏实践的指导性，并不能真正提高教育的有效性和针对性；同时，针对大学生心理健康问题的研究较多，但针对非通用语种大学生群体所特有的心理健康问题的研究较少。

3. 研究趋势

理论联系实际，将理论上升到实践层次，分析大学生心理健康问题产生的具体原因，并提出有针对性地解决大学生心理健康问题的措施，仍需要思想政治教育工作者和心理健康教育工作者继续探索。

二、项目研究内容、目标和创新之处

1. 研究内容

(1)研究问题：①非通用语种大学生心理健康状况如何？②影响非通用语种大学生心理健康状况的因素有哪些？③提升非通用语种大学生心理健康状况的有效路径是什么？

(2)研究对象：本课题拟选取西安、北京、上海、天津、广东等地的5所高校，共1000名学生作为研究对象，主要考虑的变量因素有：年级(一年级至四年级)、语种(土耳其语、波斯语、印地语、泰语、乌尔都语、马来语、意大利语、葡萄牙语、乌克兰语、波兰语等)、师资队伍(青年教师、资历较深教师)、政治面貌、生源地、性别(男、女)等。

2. 研究目标

(1)运用协同理论构建大学生心理健康教育的社会支持体系。

(2)创新大学生思想政治教育心理疏导的方式方法，如团体辅导与个别谈心相结合、运用新媒体技术线上与线下相结合等。

(3)运用层次分析法(AHP)构建非通用语种大学生心理健康综合评价指标体系。

3. 创新之处

(1)国内学者对大学生心理健康问题的研究很多,但很少从非通用语种的角度来研究,本课题从非通用语种大学生的特点出发进行研究,具有新颖性。

(2)运用跨学科的研究方法,在教育学、心理学、管理学等专业角度分析的基础上,从思想政治教育学的角度出发,研究非通用语种大学生心理健康状况及提升路径,具有一定的新颖性。

三、研究方案

1. 基本思路

本课题的研究路线主要包含五大模块:①文献收集模块;②研究设计模块;③数据收集模块;④统计分析模块;⑤成果报告模块。每一模块具体内容详见图 1。

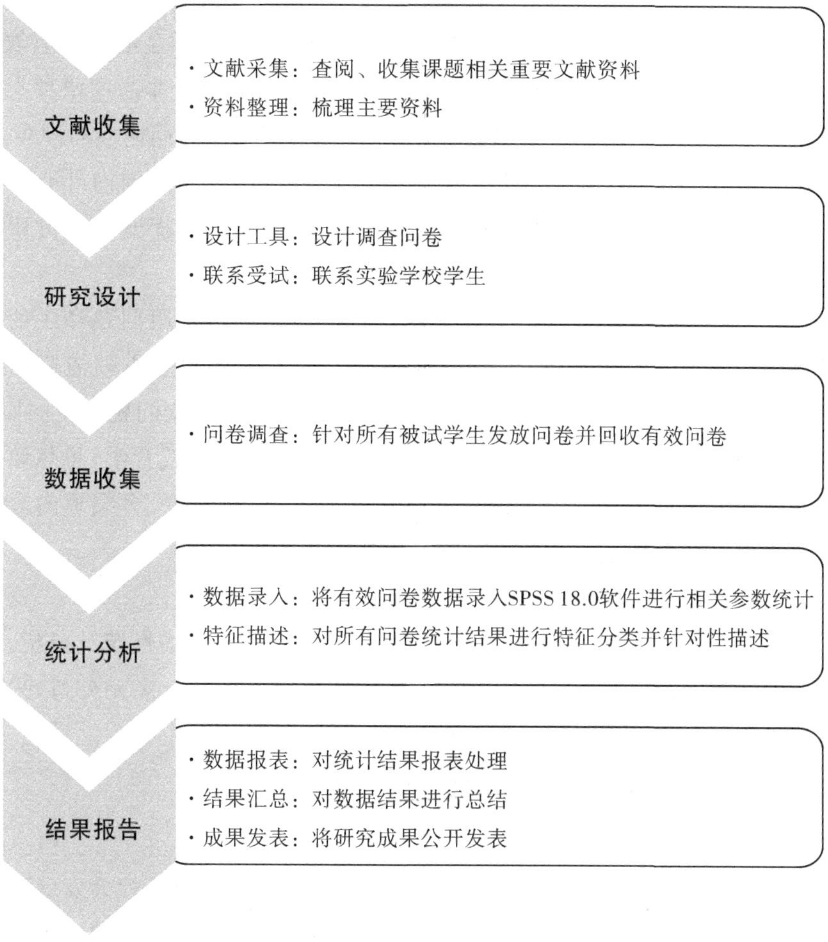

图 1　研究路线图

2.研究方法

本课题拟采用文献研究法、问卷调查、专家咨询、个案研究法等多种研究方法，研究非通用语种大学生心理健康状况、影响因素和提升路径，从理论上找出非通用语种大学生存在心理健康问题的根源，并结合现有的研究成果，更有针对性地深入调查统计分析非通用语种大学生存在的心理问题，分析产生这部分群体心理问题的原因，从而制定科学合理的解决方案，以此为理论与实践相结合的依据提出可行性对策。

(1)文献研究法：本课题拟运用文献研究法对多本思想政治教育学专著以及心理学专著进行文献查找，以便为得出解决大学生心理健康问题的对策奠定理论基础。

(2)问卷调查：本课题拟采用在线问卷形式。问卷内容主要有两方面：①症状自评量表 SCL－90 测评量表；②根据近年来国内关于大学生心理健康教育现状方面的论文中所涉及的经典问题设计调查问卷，内容包括非通用语种大学生心理压力来源、影响因素、改善措施等，要求学生在灵活的时间内填写即可。

(3)专家咨询：本课题拟通过访谈和电子邮件等形式咨询国内外心理学专家学者，内容涉及大学生常见心理健康问题及其影响因素、提升心理健康标准路径等。

(4)个案研究法：本课题拟对非通用语种大学生心理健康问题产生的原因以及解决这些原因的对策进行说明，列举当今典型的大学生心理健康问题案例，将理论融入现实案例之中，更加深入分析大学生心理健康问题产生的原因。

(5)学科交叉法：本课题拟运用政治学、法学、心理学、教育学、思想政治教育学等多项学科对大学生心理健康问题进行研究，以多角度、多渠道的分析视角对非通用语种大学生心理健康存在的问题提供引导对策。

3.数据整理与分析

将有效问卷数据输入 SPSS 18.0 软件中进行信度和描述性统计分析，检验调查问卷的效度；采用多元方差分析法对各变量的关系进行多元分析；采用相关性分析法对各变量进行相关性分析。

四、对社会经济发展和学科建设的作用和意义

1.实际意义

思想政治教育以马克思主义基本理论为指导，是一门随着社会发展而发展进步的重要学科，人的价值越来越受重视。心理健康教育是思想政治教育的重要组成部分，在对大学生进行思想政治教育的过程中，大学生的心理健康状态

影响着对其进行思想政治教育的效果。因此，开展大学生心理健康研究具有显著的现实价值，是关系到大学生健康成长成才的重要问题，特别是针对国家紧缺的非通用语种大学生。

2. 理论意义

本课题的理论基础是马克思、恩格斯提出的“人的自由而全面发展”的理论。这个理论是马克思主义人学理论的具体要求和体现。人的自由而全面的发展，是人的身体和心理统一的发展，也是人的个体性和社会性统一的发展。大学生心理健康是其身心协调统一发展的必然要求。因此，开展大学生心理健康研究不仅可以加深对马克思关于“人的自由而全面发展的理论”的理解，而且可以丰富和完善心理学的理论研究。

新形势下高校海外留学生文化认同调查研究

一、研究现状及趋势

1.研究现状

文化是一个民族的灵魂和标志，是一个民族的精神家园，是民族认同、国家认同和民族凝聚力、创新力和发展力的基础，是国家的“软实力”。目前国内对国家认同和民族认同的研究较多，研究内容中也会提及文化认同，但未详细研究和论述。何娟(2016)围绕问卷调查展开系统分析，发现当前大学生国家认同状况整体上呈现良好态势，但也存在弱化现象，如国民身份认同与评价上的矛盾性，爱国行为表达的非主动性，政治信仰的怀疑性，文化认同的盲目性及权利和义务认同的不匹配性等，而这些是家庭、学校、社会等多方面因素综合影响的结果。董强(2016)认为在国家层面推行统一的国家认同教育理念，强调国家认同教育的核心地位；强化大学生文化理解，缓和各民族文化间的分歧，对不同民族文化能够理解，学习优秀的红色文化和传统文化；提高大学生政治参与度，让大学生真正参与到国家政治建设中来；在全社会形成合力，充分发挥社会、高校、家庭的各自优势，进行联合教育。聂庆艳(2015)认为留学生的国家认同教育是一项系统工程，也是一项长期任务，需要政府、社会、家庭及留学生个人的共同努力；需要优化国家认同教育的体制机制；需要完善出国留学生国家认同教育内容体系；需要构建出国留学生国家认同教育过程体系；需要完善留学政策法规及创新教育载体方法等。史慧颖(2007)从民族认同的界定与构成入手，力求以理论探索与实证研究相结合、立足中国与借鉴西方相结合，采用问卷法、投射法、田野调查多种资料收集法方法及相关、结构方程、聚类、判别分析等多种统计方法、从多视角较系统地探讨西南民族地区少数民族的民族认同状况及其与行为适应的功能关系。

对文化认同的研究多集中在其理论层面，包括其概念界定、提升路径等方面。钟星星(2014)从理论上研究文化认同的基本概念,弄清了文化认同的内涵、功能、辩证图景和实践根源,从实践上考察文化认同的历史发展,梳理文化认同的历史生成、近代发展和现代危机,认为文化认同问题研究不断发展、永无止境。杜剑华等(2014)认为文化认同是关系到一个民族、国家生死存亡的问题,当一个民族抛弃本土文化,认同其他的文化,那个民族在实质意义上就消亡了,因此,要想实现民族文化认同,就必须通过一系列途径来完成。谢守成等(2015)认为高等学校必须坚持以课堂教学为主渠道,以校园文化建设为主阵地,以文化实践活动为载体,提高大学生对传统文化的认知度、认同度和践行度,从而不断强化当代大学生对中华传统文化的认同感。吴欣遥等(2016)认为思想教育工作者需要从重建文化自信、加强马克思主义意识形态教育、培养文化理性、培育主流校园文化、拓宽文化视野几个方面来增强大学生的文化认同,有效地推进大学生社会主义核心价值观教育。程为民等(2016)对国内10余所高校当代大学生中华优秀传统文化认同状况进行实地调查,研究发现:当代大学生基本认同中华优秀传统文化价值内涵,但对中华优秀传统文化的整体认知较为欠缺,对中华优秀传统文化的类别认知存在较大的差异,其了解中华优秀传统文化的主要途径是课堂学习。

2.目前研究的不足之处

以上成果为本课题提供了借鉴意义,但还存在不足之处。从学科的角度来看,已有研究成果主要集中在政治学、思想政治教育学等相对单一的学科,而文化认同也与心理学相关,需要整合学科力量,对海外留学人员文化认同进行多学科的综合研究。从研究内容上来看,学术成果较少。截至目前,在中国知网上检索,以“文化认同”为主题的文献有4093篇,但以“海外留学人员文化认同”为主题的文献仅有9篇,系统性的研究成果还十分缺乏。从研究方法看,实证研究较少。目前成果多集中理论研究,缺乏实际数据论证,缺乏较广范围的实证研究。

3.研究趋势

理论联系实际,将理论上升到实践层次,通过调查问卷和访谈相结合的研究方法分析海外留学大学生的文化认同现状,提出针对性提升海外留学人员对我国文化认同程度,仍需要思想政治教育工作者继续探索。

二、研究意义

1.实际意义

海外留学人员是我国宝贵的人才资源,是掌握着先进思想理念或科学技术的特殊知识分子群体，是推动社会科技进步与发展，促进文化交流与繁荣的重要力量。我国目前正处于经济社会急剧转型的关键时期，各社会阶层、群体之间的利益冲突与矛盾容易激化。而世界多元文化交流、融合与渗透，给我国的主流意识形态发展带来了极大的挑战。新形势下，西方资本主义国家企图通过多种手段对我国海外留学人员进行意识形态等方面的渗透，如西方极端个人主义、功利主义、享乐主义等不良思想和价值观念，对我国倡导的社会主义核心价值观产生了一定的冲击。我国目前出国留学大学生人数较多，大学生正处于人生观、世界观、价值观形成的关键时期，其思想观念、价值判断容易受外界影响。文化是我国的“软实力”，海外留学生是否具有坚定的社会主义理想信念，是否对国家的文化认同，事关未来中国的政治进程，事关国家的前途与命运。因此，开展海外留学人员的文化认同相关的调查研究，既有助于做好海外留学人员的统战工作，又有助于丰富国家认同的内容，并且不断创新和发展新的文化内涵。

2.理论意义

本课题的理论基础是社会主义核心价值观和四个自信中的文化自信。党的十九大报告中提出，要培育和践行社会主义核心价值观。要以培养担当民族复兴大任的时代新人为着眼点，强化教育引导、实践养成、制度保障，发挥社会主义核心价值观对国民教育、精神文明创建、精神文化产品创作生产传播的引领作用，把社会主义核心价值观融入社会发展各方面，转化为人们的情感认同和行为习惯。“四个自信”即中国特色社会主义道路自信、理论自信、制度自信、文化自信。文化自信是一个民族、一个国家及一个政党对自身文化价值的充分肯定和积极践行，并对其文化的生命力持有的坚定信心。党的十八大以来，习近平总书记在多个场合谈到中国传统文化，表达了自己对传统文化、传统思想价值体系的认同与尊崇。开展海外留学人员文化认同研究不仅可以丰富社会主义核心价值观内容，提升海外留学人员的文化自信，更对实现“两个一百年”奋斗目标和中华民族伟大复兴的中国梦具有重要意义。

三、研究的主要内容

1.研究问题

(1)海外留学人员文化认同现状如何？

(2)影响海外留学人员文化认同的因素有哪些？

(3)提升海外留学人员文化认同的有效路径是什么？

2.研究对象

西安外国语大学先后与美国、英国、西班牙、意大利、俄罗斯、韩国、土耳其等44个国家和地区签订合作协议，学生在大学三年级会出国进修学习一年。以正在出国留学、留学归来的学生和老师为研究对象，主要考虑的变量因素有留学对象国、民族、性别、政治面貌、身份等。

四、重点及难点

1.研究重点

(1)全面了解海外留学人员文化认同现状。

(2)深入探究海外留学人员文化认同的影响因素和存在的问题。

2.研究难点

(1) 探索我国海外留学人员文化认同的有效路径。

(2) 海外留学人员的文化认同心理与行为研究。

五、主要观点和创新之处

1.主要观点

(1)中华优秀传统文化、革命文化和社会主义先进文化是我国宝贵的文化资源，将其融入海外留学生的思想政治教育，对海外留学生的文化认同教育与引导有积极的促进作用。

(2)海外留学人员文化认同是统战工作的重要组成部分。

(3)文化认同在所选择的思维模式、文化理念、行为规范上体现的价值取向决定了其核心是价值认同。社会主义核心价值观作为社会主义文化内核的一种形态，主导着社会的性质和发展方向，体现着深厚的文化底蕴和内涵，其文化属性决定了价值观教育是一种文化认同的教育。

2.创新之处

(1)国内学者对海外留学生国家认同、统战工作的研究较多，针对海外留学生文化认同的研究较少。本课题以西安外国语大学的出国留学生为研究对象进行文化认同研究，涉及留学对象国范围广，具有新颖性。

(2)运用跨学科的研究方法，在政治学、思想政治教育学理论的基础上，再从心理学角度出发，研究海外留学人员的文化认同心理与行为，为总结凝练提升海外留学人员对我国文化认同的有效路径提供借鉴，具有一定的新颖性。

六、基本思路和方法

1. 研究思路

本课题以“文化认同是什么，为什么要文化认同，提升文化认同策略”的思路来整理文化认同相关理论与观点。在文献采集、整理材料的基础上，运用问卷调查和访谈相结合的方法，调查海外留学人员文化认同现状，对文化认同存在的问题、影响因素和原因进行剖析，最后提出海外留学人员文化认同的对策。

2. 研究路线

本课题的研究路线主要包含五大模块：①文献收集模块；②研究设计模块；③数据收集模块；④统计分析模块；⑤成果报告模块。每一模块具体内容详图 1。

图 1　研究路线图

3. 研究方法

本课题拟采用文献研究法、问卷调查法、比较研究法、结构访谈法等多种研究方法，研究海外留学人员的文化认同现状，研究总结出提升海外留学人员文化认同的有效途径。

(1)文献研究法。本课题拟运用文献研究法对文化认同的相关文献进行研读，为本课题奠定理论基础。通过大量阅读和检索、归纳和总结，概括出海外留学人员文化认同的内涵、影响因素和可行性对策。

(2)问卷调查法。问卷调查法是本课题获取研究数据的主要方法。主要有调查问卷的设计、调查问卷的发放和回收、调查数据的录入校验和分析三个步骤。本课题就海外留学人员的文化认同，即中华优秀传统文化认同、革命文化认同、社会主义先进文化认同，对西安外国语大学正在留学、留学归来的学生进行实证调查。

(3)比较研究法。比较研究法是社会科学研究常用方法之一。通过研究留学对象国文化认同的做法和特点，总结凝练对我国海外留学人员文化认同的启示与借鉴。本课题还将对不同民族、专业、性别、政治面貌等因素作比较研究，以便更准确地把握海外留学人员文化认同的现状。

(4)结构访谈法。为提升问卷调查的效度和信度，本课题还采取了结构式访谈法。遵循有序的步骤进行，即拟好访谈提纲、选择合适对象、完整记录访谈过程、整理访谈内容。这种方法可以更进一步了解海外留学人员文化认同的状况，对于准确把握海外留学人员文化认同的影响因素具有重要作用。

4. 数据整理与分析

将有效问卷数据输入 SPSS 18.0 做信度和描述性统计分析，检验问卷的效度；采用多元方差分析(MANOVA)对各变量的关系进行多元分析；采用相关性分析(correlation analysis)对各变量进行相关性分析。

参加辅导员岗前培训心得及工作设想
——做一名幸福的辅导员

第一眼见到西安外国语大学，我便喜欢上了这所学校。优美的校园环境、雄厚的师资力量、悠久的文化传承、和谐的师生关系，这一切都深深地感染了我。我有幸来到西外，有幸成为一名辅导员。这是我人生中的第一份工作，也是我梦寐以求的工作，我将会全身心地投入其中，享受工作带给我点点滴滴的幸福。

大学期间，在辅导员的耳濡目染下，我对辅导员的工作有所了解，加之担任学生干部的缘故，在辅导员那里学到了很多工作方法，也总结了许多工作经验。但我深知，要想成为一名优秀的辅导员，我所掌握的这些知识是远远不够的，还需要我不断学习新的科研理论与成果及优秀辅导员工作经验，并将其运用到实际工作中。

入职后，我迎来了西外送给我的第一份“礼物”——新任辅导员岗前培训。我既兴奋，又忐忑。兴奋的是我终于有了学习西外前辈们对辅导员相关业务与知识的见解，与其他优秀辅导员面对面交流，进一步完善自己专业技能与技巧的机会；忐忑是因为我担心自己不能将各位前辈们所讲的经验与工作技巧及时、全面、深入领会，生怕遗漏许多。

在为期 3 天的培训中，我认真聆听了每一个讲座。此次培训围绕当前我校学生工作中的难点、热点问题进行了学习与探讨，并针对辅导员工作的重要意义、角色定位、岗位职责、素质要求、网络思想政治教育阵地、日常事务管理及其工作技巧方法、学生资助政策、突发事件的应对和处理、大学生常见心理问题和危机干预、职业生涯规划、党员发展程序、常用办公软件与微信公众平台的应用等问题进行了经验分享。这让我进一步增强了对辅导员工作的理解和把握，更深刻地认识到辅导员在大学生成长成才中的重要作用。现将此次培训的心得体会总结如下。

一、深刻认识辅导员的角色定位，明确工作职责

辅导员不仅是学生日常行为上的管理者，更是成长路上的指导者和领路人，要始终坚持“育人为本，德育为先”的原则开展工作，即辅导员的工作不仅局限于学生日常事务管理，更为重要的是学生的思想政治教育、心理健康教育及法治观念教育。《普通高等学校辅导员队伍建设规定》中明确了辅导员的角色定位：辅导员是开展大学生思想政治教育的骨干力量，是高校学生日常思想政治教育和管理工作的组织者、实施者和指导者，辅导员应当努力成为学生的人生导师和健康成长的知心朋友。

从工作职责上来看，辅导员是高等学校全面负责班级学生思想、学习、生活等工作的教师，是班级的组织者、领导者和教育者，是学校办学思想的贯彻者，是联系班级任课教师和学生团队组织的纽带，是沟通学校、家长和社会的桥梁。辅导员要按照中共中央国务院《关于进一步加强和改进大学生思想政治教育的意见》的指导思想和基本原则开展工作，按照《普遍高等学校辅导员队伍建设规定》的要求与职责认真履行工作，帮助大学生树立正确的世界观、人生观和价值观，培养团结统一、爱好和平、勤劳勇敢、自强不息的民族精神，引导大学生自觉遵守爱国守法、明礼诚信、团结友善、勤俭自强、敬业奉献的基本道德规范，同时加强民主法治、人文素质和科学精神教育，促进大学生思想道德素质、科学文化素质和健康素质协调发展，成为有理想、有道德、有文化、有纪律的社会主义新人。

二、努力提高自身思想认识，不断提升专业技能

辅导员要按照“政治强、业务精、纪律严、作风正”的要求严格要求自己。确立以学生为本的理念，树立一切为学生服务的意识。以学生为本，全面教育引导学生成长成才。同时，要以高度的责任心、细心、爱心和耐心对待每一位学生，帮助他们克服各方面的困难。

辅导员的多重角色要求其全面提高自身的思想道德素质、业务能力和人文素养。首先，要具有较强的政治理论水平，较高的思想觉悟。深入理解和学习马列主义、毛泽东思想、邓小平理论、“三个代表”重要思想和科学发展观，密切关注和全面了解国际、国内时事，针对学生关注的热点、焦点问题能进行正确引导，化解矛盾冲突。其次，要具备高尚的情操和良好的敬业精神。在教育管理过程中，要不断加强思想修养，提高自己的道德水准，坚持原则、严于律己、奖罚分明、公道正派。大学生正处在世界观、人生观、价值观形成和确立时期，辅导员的理想、信念、道德、情操、修养、作风、情感、意志、性格、气质都会对大学生产

生潜移默化的影响。再次，要不断提升专业技能，不断完善知识结构和文化素养。广泛涉猎与思想政治工作关系密切的心理学、教育学、伦理学、美学、管理学等相关知识，时刻学习与学生管理、教育工作相关的新的科研理论和成果，时刻关注：全国高校辅导员年度人物评选、全国辅导员职业能力大赛、全国高校辅导员优秀论文评选、年度辅导员优秀博客、博文奖、年度辅导员工作精品项目等活动，并努力学习这些优秀成果和经验，将其运用到自己的工作当中。

三、要善于学习，善于思考，善于总结

爱学生是一名优秀辅导员最优秀的品质，为了更好地爱学生，帮助其茁壮成长，我们要善于学习、主动学习。俗话说，要想给学生一杯水，老师至少得有一桶水。

总结是学习的一种升华。中国大学生在线上的辅导员们每天每月每年坚持在博客中总结分享，微信公众平台上的辅导员们坚持推送心得感悟，各位优秀辅导员发表论文、出书，以及全国每年评选出来的优秀论文，这些都是辅导员们的思想结晶，每一个文字都闪烁着他们思想和智慧的光芒。因此，在借鉴优秀辅导员经验的基础上，我们要边思考、边研究总结、边实践，不断创新工作方法，将自己的经验上升到理论的高度，将理论与实践相结合，逐步形成适合自己的独特的工作风格。

四、对自己即将从事辅导员工作的一些想法

9 月份即将来临，我的 2015 级（大一）新生也即将入校，他们将是我带的第一届学生，我要尽全力将他们带好。关于辅导员的工作，我有很多计划，除了学生日常事务管理外，还有以下几方面。

1.做好新生入学教育

完善新生信息库，熟悉每个人的姓名、家庭情况、性格特征、优势特长及思想状况，引导新生尽快适应大学生活。了解这些基本信息后，对学生进行分类管理，如少数民族学生、家庭经济困难学生、单亲家庭、心理问题学生等。对经济困难学生做好困难资助工作、对心理问题学生做好心理疏导，对其他问题学生多加关心，及时发现并解决他们的困难。

开展新老生经验交流会，邀请院（系）的高年级优秀学生参加，谈谈他们的心得体会，包括学习方法、学生工作经验、大学四年规划、文体活动、学校学院情况等，引导大一新生如何度过一个充实而有意义的大学生活。

2.狠抓班风、学风和考风

坚持查寝、查自习和上课出勤，坚持定期召开班会，坚持定期与学生谈话。

新生刚进校，大一学年是其塑形阶段，通过查寝、查自习和上课等途径可帮助他们养成良好的生活习惯，形成良好的班风和学风，加之诚信教育可促进形成良好的考风。我要争取每周一小会，每月一大会，及时督促班级建设；也要争取每学年与每名同学至少谈话一次，关心他们的学习生活，了解他们存在的困难并帮助其解决。

3.做好学生干部的选拔和培养

发挥学生干部和党员干部的先锋模范作用。学生干部和党员干部是联系老师和学生的纽带，他们作为学生，可以最直接的了解学生的思想、学生的困难及学生的需要，能将最有效的信息反馈给老师；并且他们的思想素质较好，学习成绩优秀，管理能力突出，在学生中有较高的威信，能起到模范带头作用。

4.建立网络思想政治教育平台

建立QQ群、微信群、微博、抖音等网络阵地，通过这些平台与学生沟通互动，及时发现学生中出现的问题，了解学生的思想状况。

5.开展职业生涯规划与就业指导

大学生职业生涯规划与就业指导应该贯穿于整个大学生活中，在日常的学习生活中应该加强学生就业观的教育，使他们随时了解就业的政策，把握就业的形势，为今后毕业、择业树立良好的心态和确立正确的定位打下坚实的基础。可通过开展大学生职业生涯规划与就业大赛、指导讲座、简历设计大赛、已参加工作的校友经验交流会等活动来实现。

6.加强心理健康教育和安全意识教育

大学生没有多少社会阅历和经验，经历的挫折也很少，进入大学后或多或少会遇到一些问题，如生活环境不适应、学习方法不适应、人际关系不适应等，他们的心理承受能力并不是很强，辅导员要及时发现这些现象，开展心理健康教育，并及时给予正确引导。

现今社会存在很多突发自然灾害和人为灾害，我想通过开展安全意识和不同类型灾害自救措施讲座，加强学生的安全意识，降低学生受伤概率。

岗前培训虽然结束了，但我的辅导员之路才刚开始，还需要我不断在理论和实践中去学习，去总结经验。接下来的工作中，我会认真琢磨体会此次西外辅导员前辈们传授给我们的经验并将其运用到实际工作当中，也会按照《高等学校辅导员职业能力标准》来完善自己的专业知识储备，争取做到对学生“辅之以情，导之以理，圆之以梦”，做一名幸福的辅导员。

陕西高校第五届优秀辅导员候选人事迹材料

——唯以初心见岁月，但有铸魂育学人

从2015年7月担任辅导员至今。我所带的2015级244名学生均已顺利毕业，目前是2019级284名学生的辅导员。2016年9月，我考取了国家二级心理咨询师证书，担任学校心理健康教育中心兼职心理咨询师，承担《大学生心理健康教育》课程授课任务。2015年参加高校就业指导教师培训班并结业，2017年获得北森认证职业测评师资格，担任学校就业指导中心兼职教师，承担《大学生就业实务指导》课程部分授课任务。

参加工作以来，我始终怀着“全心全意为学生、为学院、为学校服务”的宗旨，立足岗位勤奋工作，在知识储备、工作创新、育人方法上得到了很大提高，比较圆满地完成了所承担的各项工作任务。数年来，我始终坚持“心中有信仰，行动有方向，脚下有力量”，幸福地在辅导员这个平凡而又重要的岗位上播洒汗水和爱心，收获快乐和希望。

一、工作思路

1.“立德树人，德育为先”，用先进思想武装头脑

我始终坚持“立德树人，德育为先”的教育理念，始终以马克思列宁主义、毛泽东思想和中国特色社会主义理论体系为指导思想进行意识形态教育，培养学生具有坚定的共产主义信念和马克思主义信仰，培养学生树立正确的世界观、人生观和价值观，培养团结统一、爱好和平、勤劳勇敢、自强不息的民族精神，引导学生自觉遵守爱国守法、明礼诚信、团结友善、勤俭自强、敬业奉献的基本道德规范，成长为有理想、有道德、有文化、有纪律的社会主义新人。

2.以人为本，注重全员、全过程、全方位育人

我始终坚持“以育人为中心，以学生为主体”的指导思想，实施“全员育人、全过程育人、全方位育人”。我关心每个学生，用“爱心、热心、责任心、耐心和细

心”温暖每一位学生，尊重教育规律和学生身心发展规律，注重学生心理健康和健全人格的形成，促进每个学生主动地、生动活泼地、全面地发展，为每个学生提供适合的教育。

3. 学无止境，创新工作思维和方法

我始终坚持“生也有涯，知也无涯”，在工作中不断与时俱进，学习现代信息技术，学习心理健康教育、职业生涯规划与就业指导、思想政治教育相关理论，不断提高自身的职业素养和工作技能，创新工作方式方法。我积极创新、践行“五位一体”心理育人模式，全面提升学生心理健康素质。

二、育人实效

我深知大学阶段对学生成长成才具有重要意义，所以，我在思想政治教育、党团和班级建设、日常事务管理、心理健康教育与咨询、网络思想政治教育、职业规划与就业指导等方面踏实努力，积极学习，努力探索工作新思路、新方法，严格贯彻落实大学教书育人方针和各项管理规定，在继承中创新、在创新中发展，扎实做好本职工作，育人效果突出。

1. 不忘初心，注重学生思想引领

我通过主题班会、主题沙龙、主题党课等形式带领学生学习习近平新时代中国特色社会主义思想，特别是习近平总书记关于高校教育的重要讲话精神，引导学生树立“志存高远、脚踏实地，做国家的骨干和栋梁”的高尚情操。在台海争端、香港“占中”事件、中美贸易摩擦等时事政治中积极向学生阐释国家求和平谋发展的思想，培养学生的爱国主义情怀。将社会主义核心价值观、传承弘扬优秀传统文化融入人才培养和价值引领的教育中，着力构建学生的国家意识、文化意识，引导学生将自己的人生价值和个人梦想融入国家和民族事业发展中，做有志向、有担当的青年人。我所带学生中，200 余人注册志愿者，累计服务 20000 余小时。

网络思想政治教育方面，在“因事而化、因时而进、因势而新”的指导思想下，我引领学生积极向上。学生在国外留学期间也积极提交入党申请，表达对党和国家的赞美与感谢。与此同时，我通过微信、QQ 等交流方式，加强与学生的沟通交流，了解学生思想动态。

2. 脚踏实地，情系学生成长成才

我注重学生职业生涯规划教育，努力提升学生就业能力。借助“吉讯大学生职业测评与规划系统”平台帮助学生了解自己的职业兴趣、职业性格、职业技能、价值观等，引导学生进行职业生涯规划。我通过开展就业动员会、就业知识讲座等多种举措，围绕 2017 届和 2018 届就业形势分析、毕业生就业材料及方向、就业和考研注意事项、心理调节方式方法等内容进行指导，引导学生树立正确的就业观和择业观；开展“一对一”就业指导课，包括就业信息搜集、简历、结构化面试、非结构化面试等内容的培训，提升学生的就业技能；分阶段摸底调查，了解学生的毕业去向，有针对性地给学生提供帮扶。遵循“就业统计做减法，就业动员做加法”原则，我所带的 2019 届毕业生就业率和就业质量有了一定提升。2019 届毕业生就业率为 96.72%，其中 1 名学生自愿赴西藏阿里地区工作，4 名学生自愿到新疆工作，8 名学生进入国安、外交等部门，10 名学生入伍，11 名学生进入高校当教师。

3. 仰望星空，注重学生“心”的成长

在做好辅导员各项工作的基础上，我也不断打造自己的工作特色，认真践行“五位一体”心理育人模式。

(1)课堂教学：已向 900 余名学生普及心理健康教育知识，学生提交的作业视频内容特别精彩，从作业中可以看出学生对心理健康有了更深的认识。

(2)指导咨询：为了更好地帮助学生心灵成长，我入职后考取了国家二级心理咨询师，为学生提供学习、生活、工作、择业交友等方面的咨询。在谈心谈话中发现存在心理问题、并经医院诊断患有不同程度抑郁症、焦虑症的学生 8 人，通过日常帮扶和医院药物治疗，4 名学生目前在低年级学习，4 名学生已经顺利毕业。在担任心理健康教育中心兼职心理咨询师期间，我提供咨询服务 70 余次，评估后发现心理危机学生 10 余人，并及时转介学生至专业心理咨询机构。

(3)危机干预：成功处理 2 起危机事件，其一，1 名女生因入伍政审，无意中知道了自己从小无父无母的原因，并且因此政审未通过的危机事件；其二，1 名男生因为抑郁症企图实施自杀行为的危机事件的干预。通过及时介入，关心呵护，这两名学生目前均已顺利毕业，投入工作。在处理这些危机事件的过程中，所学的心理学知识对我的帮助极大。

(4)实践活动：我担任健康教育工作站副站长，制订了详细的工作计划，负责组织、参与、协调活动 10 余场，截至目前服务学生 120 余人。

(5)科学研究：通过处理各种各样的学生案例，我会不断思考与总结，截至目前发表心理相关论文 4 篇。

4.保持学习常态，注重总结凝练

通过5年的成长，我越来越发现做学生工作的乐趣，学生在不同的年级会有不同的特点，也会出现不同的问题，而我特别喜欢根据这些特点和问题进行思考和总结凝练。我积极学习，参与专题培训10余场，并且注重学以致用，努力把学习成果转化为解决工作中矛盾问题的思路和办法。通过学习，我进一步提高了自己的思想理论水平，进一步提高了用理论知识解决实际问题的能力，进一步坚定了政治信念，增强了事业心和责任感。我积极总结凝练，申请获批1个陕西省教育厅项目，主持2个校级项目，参与1个辅导员研究课题，以第一作者身份发表论文5篇，1篇咨询案例获省级三等奖，1篇关于校园贷的案例获校级辅导员工作优秀论文。2017年和2018年连续2年校级考核优秀，2019年院级考核优秀，2019年被评为校级就业创业先进个人，2018年被评为校级优秀辅导员，2017年获校级辅导员职业能力大赛三等奖。

三、经验总结

1.加强自身理论学习，注重实践与理论结合

辅导员工作要深入学生、了解学生、理解学生，特别是了解学生的原生家庭，包括家庭环境、父母关系、父母对孩子的要求与期望等，因为恰当分析学生家庭和学生本人心理是有针对性地解决问题的前提。这也对辅导员工作提出了更高的要求：辅导员要加强思想政治教育学、教育学、心理学、管理学等学生工作相关理论的学习，以便更加深入分析学生案例，而不仅仅停留在问题的表面。同时，辅导员在大学生日常管理中要注重人文关怀，注重培养学生理性平和的心态，学会将理论知识运用于实际教育管理活动中，通过团体辅导、谈心谈话、主题班会等形式解决大学生的实际问题，促进学生身心健康发展。

2.把握学生问题规律性，针对性指导帮扶

制定“一生一策”方案，每位学生因为从小到大生活的家庭背景、社会文化环境不同，每位学生的个性特征也存在差异，因此同学们面临的困扰有其共性的问题，也有其特殊性问题，需要辅导员在分析研究后针对性解决。辅导员通过进班级、进宿舍、进食堂、进网络等途径，从任课教师、党员干部、学生干部、舍友同学等不同角度收集、汇总学生信息，制定学生个人档案，并及时更新，以便及时掌握学生各方面信息，对其分类管理，包括家庭经济困难、学业困难、就业困难、人际关系问题、心理问题等，为每个同学制定符合其自身情况的帮扶方案。

3. 构建学校—家庭—社会联合教育体系

从系统论的角度来考虑，系统论中所存在的所有子系统之间必然存在一定的关联，它们相互统一，对相互对立，这些组成了系统发展和变化的根本规律。因此可以认为教育是可以通过学校、家庭、社会等多方面作用来实现的。针对学生思想政治教育，可以从学校、家庭和社会入手，建立三者联合体系来帮助学生全面发展。学校层面可以通过开展丰富多彩的文化活动促进学生综合素质提升，家庭层面可以通过营造良好的家庭氛围、和谐的家庭关系等让学生感受到家庭的温馨与爱，社会层面可以给学生营造良好的社会文化环境，提供方式多样的社会实践平台，引领学生积极面对生活，积极向着心中的目标前进。

参加全国外语外贸院校学生工作协作会第二十四届年会心得体会

2020年11月12日至14日，我有幸参加了全国外语外贸院校学生工作协作会第二十四届年会，感谢学校给予这次学习机会。本次年会的主题是“全球治理人才培养过程中的思政教育体系建设”。与会代表们通过专题报告、分组讨论、精品项目交流等多种形式，共同探讨全球治理人才培养背景下，如何建设思政教育体系。我将从3个方面对此次学习内容和学习感受进行分享交流，请各位领导、老师批评指正。

一、专题报告——提高政治站位

在专题报告环节，上海外国语大学国际关系与公共事务学院院长郭树勇教授作了题为《全球治理的时代呼唤与全球治理人才培养》的报告，他从百年未有之大变局与全球治理、全球治理的演变及其内容、全球治理的主要内涵、全球治理人才培养中的思政工作这四个方面展开。郭树勇教授的报告内容丰富，开阔了我们的视野，引导我们提高政治站位。“全球治理人才培养是党在新时代赋予教育战线的一项战略任务，是国家走向社会主义现代化国家新征程、推动构建人类命运共同体的重要人才保证。更是外语高校的历史机遇与使命担当，是对外语高校综合实力特别是思政工作本领的新挑战。我们应当满怀信心去应对新挑战。”

郭树勇教授报告中提到了苏联解体、两德统一、亚太崛起、美苏两极格局等历史性内容。提到了一场最近的大危机，它进一步说明了即使再有结构性矛盾的大国也不能像过去那样不去理会全球共同应对危机。特朗普大选的失败再次说明，权力政治、孤立主义、单边主义行不通。我认为，我们的思政工作想要再提升一个高度的话，就需要不断用理论武装我们的头脑，学习世界近现代史和中国近现代史，学习马克思主义、毛泽东思想、邓小平理论、“三个代表”重要思想、科学发展观和习近平新时代中国特色社会主义思想等内容。这些知识可以帮助我们开阔视野，提供解决问题的思路和方法。

二、分组讨论——育人育己，助人自助

在分组讨论环节，辅导员组讨论的主题是：网络思政与全球治理人才培养。我在这个小组担任组长，在讨论中运用《就业实务指导》课程中给学生讲到的无领导小组讨论方法，讨论过程中思路特别重要。我认为我们在引导教育学生的过程中，学生也在督促、影响着我们。

我们小组讨论结果主要内容如下。

题目：全球治理人才培养视域下网络思政育人体系的构建

第一，关于网络思政工作的抓手。网络思政工作包括两个方面。首先是线上和线下相结合。在线上网络思政教育环节，通过选择学生喜闻乐见的途径，例如微信、B站、抖音等平台，实现思政教育目标，希望通过途径选择扩大网络思政教育的覆盖面，提升实效。同时结合线下的思想政治教育，弥补线上思政教育的不足。其次是，回归以学生为主体，构建辅导员、学院、学校的全员、全过程、全方位三全育人体系。让每个层面的主体充分发挥主观能动性和优势，做好网络思政教育工作。

第二，关于网络思政工作的内容。我们在讨论中，综合各个院校的实践，认为网络思政的内容重点有习近平新时代中国特色社会主义思想、四史教育、爱国主义教育、中华优秀传统文化，以及全球治理、人类命运共同体等相关理论知识。这些也是各个院校在网络思政工作的实践中正在做的。

第三，关于网络思政工作的反馈情况。我们小组在讨论中发现，网络思政工作的反馈环节是大家现在工作中容易忽略的。我们认为，网络思政最终应当达到的效果是，引导学生将认知转换为情感，将情感最终变为行为，网络思政工作的思路应当是以立德树人为根本，以学生为主体，最终回归到学生，重点关注学生是否接受，是否有收获、有提高。

三、精品项目——善于凝练工作特色

观看学习了其他院校的精品项目书，受益匪浅。精品项目书一般包括项目背景、项目理念、项目运作、项目成效、项目特色、下一步计划等几个板块。但是同时我也发现，许多工作我们平时也在做，但是缺少了总结凝练，缺少了思路，缺少了与国家大政方针中所提到的热点词汇相结合（即将所做工作提升一定高度）。接下来，我分享两个精品项目的案例。

案例1:依托"四维八极"精细化生涯发展咨询体系,构建思政育人新平台

北京外国语大学通过生涯发展咨询教育工作,形成了"四维八极"的精细化生涯发展咨询体系,"四维"指体系的育人形式、育人理念、育人方法、育人目标四个维度,"八极"指体系在育人形式上个体咨询与团体辅导相结合、育人理念上立足现在与谋划未来相结合、育人方法上解决思想问题与实际问题相结合、育人目标上国际视野与家国情怀相结合8个方向的工作。贯穿学生从入学到毕业的各个阶段,帮助并促进学生世界观、人生观、价值观的形成。

案例2:礼敬家国求索中外"浸润式"爱国主义情怀培育

天津外国语大学通过"浸润式"实践育人体系的构建,打通爱国育人"最后一公里"。建立"四大育人模块",实施"八个实践育人特色项目",突出"浸润式"育人特色,实现"爱国主义情怀培育"实践育人平台构建。

参加厦门大学第一期辅导员国内暑期培训研修班心得体会

——捧着一抹月光，照亮前行的路

我有幸于2019年7月18日—23日参加了我校第一期辅导员国内暑期培训研修班。此次学习培训围绕当前高校思想政治工作面临的新形势和新要求、辅导员工作中的难点和热点问题，通过专题报告、交流研讨、现场教学等方式组织开展10余场讲座报告，内容丰富，引人深思。

学习过程中情绪波荡起伏，有过失落，因为通过学习意识到了自己的差距与不足；有过焦虑，因为通过学习会思考接下来的工作该如何做；有过开心，因为丰富的学习内容填补了自己理论的空白；有过信心满怀、斗志昂扬，因为终于可以开阔视野，不断汲取前进的力量，领略辅导员工作发展的前沿，满怀信心地思考接下来的辅导员工作。

此次学习培训的过程，就是自身学、思、践、悟的过程。学习感悟总结如下。

一、对辅导员角色定位有了深刻认识

在厦门大学的此次培训中，我感受最深的就是：厦门大学到处都充满着文化的气息与氛围，真正做到了以文化人、以文育人。

文化的力量是无穷的，我们也要学会挖掘文化的力量，丰富我们的教育管理内容。我们可以是学生的“保姆”，对学生无微不至，但是我们也要做学生的引路人，做思想政治教育辅导员，提高政治站位，讲好中国故事，传播中国文化。在日常会议、主题班会、谈心谈话中，融入“中国故事”元素，这是一个循序渐进、日积月累的过程。可以是中国优秀传统文化的故事。儒家有推己及人的“仁爱”思想，墨家有反对侵略的“兼爱非攻”思想，道家有“水利万物而无与争”的“无为”思想，这些思想与西方世界流行的基督教文化中的平等之爱都是相通的。通过讲述中华优秀传统文化故事，可以更好地使中国文化融入世界文化。可以是中国共产党治国理政的故事：全国人民全面脱贫攻坚“小康路上不落下

一个人”，坚持和弘扬社会主义核心价值观，推进生态文明建设“绿水青山就是金山银山”等。可以是中国改革开放的故事：安徽省凤阳县小岗村18个红手印催生家庭联产承包制，深圳经济特区建设，邓小平“黑猫白猫”论奠定了经济体制改革的理论基础，中国十几年从申请“复关”到最终加入“WTO”开启了经济全球化等。可以是中国未来发展的故事：构建人类命运共同体、“一带一路”建设、亚洲基础设施投资银行等中国为谋求世界和平发展作出的贡献等，这些故事内容需要我们不断学习、吸收，最终通过“辅导员”这个角色，融入学生的日常学习生活中。辅导员向学生讲好中国故事，可以巩固文化自信，为培养又红又专、德才兼备、全面发展的中国特色社会主义合格建设者和可靠接班人贡献力量。这也是我对自己未来工作设立的一个目标，还在不断地尝试、探索。

二、对辅导员基本素养有了深入思考

思想政治工作从根本上说是做人的工作，必须围绕学生、关照学生、服务学生。我认为我们所要做的重要一步就是熟悉学生。如何熟悉呢？就是要从细处着眼，从小处着手，从实处着力。军训期间搜集同学们的基本信息，包括我们想要掌握的便于了解学生情况的信息，比如家长联系方式、其他家庭成员、在学校当地的紧急联系人、爱好特长、上大学前有无心理咨询经历、是否为单亲家庭、是否有生理疾病、有无宗教信仰。在此基础上，根据实际情况，接下来的时间不断更新信息，比如建档立卡学生、少数民族学生、学习困难学生、心理中心反馈的需要一般和重点关注的学生。掌握这些信息便于快速掌握学生的情况，抓住问题关键所在。

与此同时，加强自身修养，丰富理论知识储备。工作中的成果需要日积月累。我们都要积极主动学习辅导员相关的知识，如心理健康教育、中国化马克思主义、马原理、世界近现代史、中国近现代史等，读原著，学原理。一方面是有利于我们在和学生谈心谈话的时候，能运用里面方法论的东西对学生进行指导；另一方面，就是我们在写论文的时候可以运用原理性的知识提升论文的高度和深度。

三、对辅导员解决学生问题有了新认识

《高等学校学生心理健康教育指导纲要》中明确指出：心理健康教育是提高大学生心理素质、促进其身心健康和谐发展的教育，是高校人才培养体系的重要组成部分，也是高校思想政治工作的重要内容。当代大学生遇到的问题多是

思想问题和心理问题相互混杂的，我们作为思想政治教育工作者，处理学生问题，首先要快速分析，准确定性，分析问题的本质，明确学生的问题主要是心理问题还是思想问题，可以依据马克思主义哲学基本原理的“矛盾的普遍性和特殊性”原理，即认识事物矛盾的特殊性，要具体问题具体分析。问题要有针对性地解决，就要深入了解其特殊性，抓住主要矛盾方面。如果主要是心理问题，我们首先要做的是安抚学生的情绪，先做知心朋友，再做人生导师，心理咨询中的尊重、倾听、共情等心理咨询技巧，可以帮助我们走入学生内心，倾听学生最真实的想法，也可以促进学生心灵成长，初步判断后，需要转介的，及时转介至心理健康教育中心。如果主要是思想问题，需要批评教育的，首先要批评教育，其次根据学生思想问题的来源进行教育引导。

四、对辅导员工作方式有了新想法

变被动为主动，开创工作新局面。2019 年 11 月 12 日下午，省委组织部副部长王秉琦为我校师生讲授主题教育专题党课时，讲到了一句话，我印象比较深刻，表达的意思是：工作变被动为主动，就没有干不成的事。在此次培训中，厦门大学办公室副主任袁国柱结合自己的工作实践，向我们讲述了工作的方式方法，受益匪浅。辅导员工作中，我们可以变“被动”为“主动”，积极主动探索新时代大学生思想特点、心理特点与行为规律研究，遵循大学生成长成才规律，为学生的健康成长提供针对性指导与帮扶，真正实现理论与实践相结合，用理论指导实践工作，在实践工作中丰富理论。

一周的培训虽然结束了，但培训的内容值得我们去深思、去回味、去实践。我深知，辅导员责任重大，使命光荣，需要我们不断学习、探索、实践，也始终相信，只要心中有方向，脚下就有力量。

参加辅导员业务能力提升培训班心得体会

两天的培训交流，收获颇丰。通过培训，我们更加深刻地认识了辅导员的角色定位与工作职责，学习了辅导员的工作方式方法，燃起了对辅导员工作的热情与激情。“在实际工作中，我们要始终保持助人成才、助己成长的工作状态，坚守扎根学生、立足学生的工作方式，抱定专业化、职业化的工作方向。要明确‘员’的岗位身份，利用‘导’的工作方法，充分发挥‘辅’的工作作用，以目标和作用为导向，创新工作方法，强化教育引导，以身份认同、角色定位促进自身引领提升。”

一、提高政治站位，注重思想引领

鲜明的政治性是辅导员的根本属性，注重学生思想引领，以习近平新时代中国特色社会主义思想为指导，挖掘“中国故事”元素，培养学生爱国情怀，树立民族自信心。比如，全国人民全面脱贫攻坚“小康路上不落下一个人”，坚持和弘扬社会主义核心价值观，推进生态文明建设“绿水青山就是金山银山”等。中国未来发展的故事：构建人类命运共同体、“一带一路”建设、亚洲基础设施投资银行等中国为谋求世界和平发展作出的贡献等。这些题材和内容都是生动的教材，需要我们不断学习、吸收，最终通过主题党日活动、主题班会、课堂教学、主题教育、日常谈心谈话等途径融入学生的日常学习生活中，引导学生坚定理想信念，厚植爱国情怀。

二、夯实理论基础，提升职业素养

辅导员职业化、专业化、专家化离不开理论的滋养，扎实学好理论、不断厚实知识储备，辅导员才能在学生工作上“博观而约取，厚积而薄发”。比如，在职业生涯规划方面，舒伯生涯发展阶段论和生涯彩虹图可以指导学生缩小、界定和实践自己的职业选择；借鉴认知信息加工理论的信息加工金字塔模型和生涯决策 CASVE 循环能使学生职业生涯规划分步骤落地实操。在心理健康教育方面，合理情绪疗法（ABC 理论）可以帮助学生舒缓负面情绪；心理咨询中的尊重、倾听、共情等心理咨询技巧，可以帮助我们走入学生内心，倾听学生最真实的想法等。了解、掌握、运用这些理论能很好地帮助我们科学地开展学生工作，事半功倍。根据辅导员 9 大工作职责，我们需要学习的内容和知识很多，唯有不断加强专业理论知识学习，才能进一步提升自身综合素养。

三、科学研判形势，创新工作思路

"处大事贵乎明而能断，不明因无以知事论断"，科学研判学生工作的特点，因势而谋，顺势而动，乘势而上，研究行之有效的新思路、新办法、新模式，才能做好学生思想政治教育工作，也能最大限度对学生出现的问题精准施策。

互联网目前已经成为高校思想政治工作的最大变量，是意识形态斗争的前沿，对大学生进行正确的政治引领和正确的思想引导是高校网络思想政治育人的灵魂。辅导员要及时转变工作思路，创新工作方法，将工作平台从传统现实场域延伸到网络虚拟场域。面对新环境、新对象、新要求，用坚定不移的思想，激浊扬清，打造和谐的线上阵地和网络思想政治话语体系，以此来确保网络育人不偏航、不偏向。学生在哪儿，辅导员就要去哪儿，了解学生的网络环境，学习网络用语，融入网络环境中的学生群体，至关重要。

"大道至简，实干为要。"经过此次培训，我深刻意识到自己在今后的工作中，需要加强理论、政策、文件的学习，不断地用党的先进政治理论武装自己的头脑；需要加强专业知识的学习，理论联系实践，不断提高自己的工作能力；需要紧跟时代发展的步伐，不断创新工作方式方法，用心、用情、用爱做好辅导员工作。

参加心理健康教育讲座心得体会

我曾听取了来自中国人民大学胡邓教授做的题为《大学生常见心理问题与危机干预》的讲座。胡教授用诙谐幽默的语言和实际事例对心理咨询的基本特征、常见心理问题(症状)及其治疗方法(包括神经衰弱、强迫症、进食障碍、焦虑症、抑郁症等)、危机干预方法等方面做了详尽的说明。我们进一步明白了心理健康教育的重要性,也了解了大学生常见心理问题的应对措施及干预方法。

1.建立大学生心理健康档案

大学生心理健康普查有助于了解学生的心理健康状况,建立学生心理健康档案。通过心理普查识别出心理问题严重的学生,对这些可能发生或正在处于心理危机的学生进行重点帮助,进行心理评估。建立学生心理健康档案就是要找出其心理素质方面的缺陷,做好有针对性的帮助。从心理品质的角度来说,大多数的心理危机是逐步形成的,有其过去的根源(父母给予孩子的安全感或者家庭关系),或在某个过程中已经潜伏着心理危机。因此,建立学生心理健康档案是大学生心理危机干预的基础工作。

2.发挥高校心理咨询中心的主导作用

大学生心理咨询中心参与大学生的日常心理健康教育,负责学生的心理健康普查和健康档案的建立,承担对学生的个别和团体心理咨询、辅导任务,既是全力关怀、支持学生,形成有利于学生自我成长社会环境的营造者,也是学生心理健康状况的可靠信息源;大学生心理咨询中心在危机干预中的主导作用,也因为它是心理危机干预的常设机构。心理咨询中心不但要从事危机干预信息的收集,也要责无旁贷地承担信息在上下之间和各协作部门间的传递。心理咨询人员的主动性如何,影响到危机干预是否及时和能否获得成功;大学生心理咨询中心在危机干预中的主导作用,还在于其本身就是干预决策的主要参与者,是危机干预的实施者。心理咨询人员具有专门知识和丰富实践经验,他们熟悉和精通心理危机干预的技术，懂得何时应请求专门医院和其他社会力量的支持，发挥心理咨询中心在心理危机干预中的主导作用，把高校大学生心理危机干预工作的任务落实。

3.学会与学生联结

胡教授指出，当代大学生是一群以自我为中心的年轻人，他们勇于向权威挑战，他们敢于争夺自己的话语权，但面对残酷的现实，当代大学生也面对巨大的压力。如何有效地帮助他们、了解他们的心理状态，让他们以一种健康、积极、乐观的心态面对学习和生活，塑造精彩的大学生活，我们要做到与他们联结，想他们之所想，了解他们的内心世界，通过和他们的真诚互动，赢得他们的信赖，成为他们的知心朋友，才有机会与他们同行，才能引领他们，我们要陪伴他们度过风雨，完成从指导者到陪伴者的角色转换。在教育学生的过程中，我们要怀抱一个信念：以生命影响生命，用关爱点燃关爱，正确处理他们遇到的各种人际关系。

4.与家长多沟通，了解学生的心理状态

精神分析认为，人格决定命运，而人格是童年养育方式和家庭关系。父母给孩子的安全感对孩子从小到大的人格塑造扮演着重要的角色，而家庭关系对孩子心理状态的影响也不容忽视。从父母层面来了解孩子的成长环境，有助于找到问题的根源。

5.不断加强大学生的心理健康教育

大学生没有多少社会阅历和经验，经历的挫折也很少，进入大学后或多或少会遇到一些问题，如生活环境不适应、学习方法不恰当、人际关系不和谐等，他们的心理承受能力并不是很强，辅导员要及时发现这些现象，开展谈心、心理健康教育讲座及相关活动并及时给予正确引导。

坚守思政教育“主阵地”，种好意识形态“责任田”

高校是意识形态工作的重要领域和前沿阵地。党的十八大以来，习近平总书记提出的要牢牢掌握意识形态工作领导权和话语权、建设强大凝聚力和引领力的社会主义意识形态、落实意识形态工作责任制等一系列重要论述，为新时代高校加强和改进意识形态工作指明了前进方向。思想政治教育是高校意识形态工作的重要组成部分，辅导员作为开展大学生思想政治教育的骨干力量，要深刻认识意识形态工作在新时代面临的新形势、新变化和新挑战，积极创新工作理念、工作方法和工作方式，全面提升工作成效。结合此次教育部全国高校“形势与政策”集体备课会的内容，本人关于辅导员做好高校意识形态工作，有以下几点体会。

一、强化理论武装，提升意识形态工作能力

高校辅导员的职责之一是做好思想政治教育和价值引领工作，用马克思主义及其中国化创新理论铸魂育人，引导学生增强“四个意识”，坚定“四个自信”，做到“两个维护”，牢固树立正确的世界观、人生观、价值观。

为了更好地做好意识形态工作，辅导员要加强理论学习，学习党的二十大精神、党章党规、习近平总书记重要讲话和重要指示批示精神；学习党对意识形态工作的相关会议精神、文件精神、讲话精神，准确把握高校意识形态教育的方向和要求；学习《中华人民共和国高等教育法》《中国共产党宣传工作条例》等法律法规及意识形态领域各项工作制度。通过强化理论学习，坚定理想信念，不断提升意识形态工作能力，增强政治敏锐性和政治鉴别力，自觉抵制不良思潮，在思想上、行动上同党中央保持高度一致。

二、与时俱进，建设好网络意识形态阵地

大学生思想活跃，接受新事物能力强，随着互联网的普及与发展，大学生的

活动场域从线下转为线上。网络平台成为大学生接收信息、传播信息、交流思想、表达情感的重要阵地，但由于其多元性、匿名性、难控性等特点，给高校意识形态工作带来极大挑战。辅导员作为高校网络意识形态工作的重要力量，承担着加强主流意识形态教育、传播网络正能量、维护高校网络意识形态安全等重要职责。一方面，辅导员要积极适应时代发展，主动抢占网络思想政治教育新高地，通过网络平台和大数据分析技术，全面掌握学生的思想动态和心理状态；另一方面，辅导员要与时俱进，构建多方联动的网络育人全媒体矩阵，综合运用学生喜闻乐见的、富有时代气息的优秀网络文化作品讲好中国故事、传递好中国声音，加强主流意识形态教育，弘扬正能量，引导学生在即时互动过程中释疑解惑、辨明是非。

三、积极创新，不断开拓意识形态工作新局面

做好高校思想政治工作，要因事而化、因时而进、因势而新。要遵循思想政治工作规律，遵循教书育人规律，遵循学生成长规律，不断提高工作能力和水平。第一，推进内容创新。聚焦与学生发展相关的理论热点和政策导向，引导学生正确认识国家梦和个人梦之间的关系；发挥榜样引领作用，用先进学生典型事迹激励与鼓舞学生，充分发挥朋辈榜样的育人作用。第二，推进载体创新。以第二课堂为载体，充分利用重要时间节点、重大事件开展丰富多彩的主题教育活动，通过社会实践、劳动教育、志愿服务等强化实践育人效果，锤炼学生意志品质，让学生在文化熏陶、躬亲实践和耳濡目染过程中筑牢信仰之基。第三，推进方法创新。将意识形态工作融入学生日常思想政治教育全过程和教育教学全过程，深度挖掘专业特色，加强校园理论宣讲阵地，组建班级宣讲团，以学生视角、学生语言创造一批走心入心、师生喜爱的网络文化产品。与此同时，辅导员要精通网络新媒体，提高网络思想政治工作主动发声、勇于亮剑和正面宣传的技能，善用“网言网语”，做到既会“面对面”，也会“键对键”，用青年学生喜闻乐见的方式和话语，让党的声音成为网上舆论最强音。

参加全国高校学生党支部书记党纪学习教育专题网络培训班心得体会

近日，我参加了全国高校学生党支部书记党纪学习教育专题网络培训班，深感这是一次思想的洗礼和精神的升华。在培训过程中学习了《习近平总书记关于党的建设的重要思想》《习近平总书记在二十届中央纪委三次全会上的重要讲话精神》《中国共产党纪律处分条例》《中国共产党章程》《中国共产党普通高等学校基层组织工作条例》及"新时代高校意识形态工作的形势与任务""新时代青年学生思想政治工作的理念和方法""高校发展党员工作流程及常见问题解答"等内容。通过这次学习，我对党的纪律有了更为深刻的认识，也更加明确了作为一名党支部书记的责任和使命。

党的纪律不仅是党的生命线，更是确保党的先进性和纯洁性的重要保障。党的纪律涵盖了政治纪律、组织纪律、廉洁纪律、群众纪律、工作纪律、生活纪律等多个方面，每一个方面都与党员的日常行为息息相关，我们要做党规党纪的忠实崇尚者、自觉遵守者、坚定捍卫者，要将党规党纪融入生活工作日常，时刻自律自省，在干事创业中时刻将规矩、纪律挺在最前面。要时刻绷紧纪律规矩这根弦，用党规党纪规范自己的一言一行、一举一动，把对党规党纪的遵守转化为日常的自觉，将党规党纪融入工作的方方面面，带领身边人遵守党规党纪，不断营造风清气正的良好环境。

党支部书记是党的基层组织的领导核心，不仅要带头遵守党的纪律，还要积极组织党员开展学习教育活动，确保党的路线方针政策在基层得到贯彻落实。我将坚持以习近平新时代中国特色社会主义思想为指导，深入学习贯彻习近平总书记关于加强党纪学习教育的重要讲话和重要指示精神，以这次培训学习为契机，进一步加强自身建设，提高工作能力，更好地发挥党支部书记的模范带头作用。组织支部党员通过"三会一课"、主题党日等深入学习习近平总书记关于加强党纪学习教育的重要讲话和重要指示精神、《中国共产党纪律处分条例》《中国共产党章程》等内容。支部书记讲一次专题党课，紧密围绕党纪学习教育主题，系统梳理党纪法规的历史沿革、基本精神、核心内容，帮助党员理解其背后的理论逻辑和实践意义。提出党员在日常工作生活中如何践行党纪要求、防范廉政风险的具体建议和举措。通过主题沙龙、知识测试、警示教育等丰富学习形式和内容。

同时，我将加强党员教育管理，增强支部活力。第一，严格党员发展。坚持把政治标准放在首位，严格党员发展质量关，做好学生发展党员工作，并将“推荐优秀团员作为入党积极分子”作为重要渠道，重视少数民族学生入党。形成每年 2 次发展对象和预备党员培训、2 次入党积极分子和新进党员培训的教育培训机制。第二，严格党内政治生活。根据学院党委年度党建重点工作，制定“三会一课”、主题党日、理论学习指引，并下发至全体党员。认真贯彻《关于新形势下党内政治生活的若干准则》，严格落实“三会一课”、组织生活会、民主评议党员等组织生活制度，实现组织生活的常态规范。第三，建立党务公开制度。通过党员大会等形式进行信息公开，不断提升对党组织和党员教育管理监督的规范化水平。第四，抓好经常教育。积极引导师生党员不忘初心、担当作为，积极参加党建活动、志愿服务活动等。

此次培训课程既有理论课“补钙铸魂”，又有专业课“提能蓄电”，让我不仅收获了理论上的成熟，激发了行动上的自觉，还进一步拓宽了工作思路，明确了今后努力的方向，坚定了做好党务工作的信心和决心。我将持续做好以下三方面工作：一是更加注重学习。始终把读书、学习、思考当成一种习惯，通过不断学习，让自己成为党内法规的明白人、党建业务的懂行人。二是更加注重实干。始终保持昂扬向上的斗志和争先进位的意识，带领支部同志共同进步。三是创新支部工作模式。在理念上谋新略，坚持党建与业务融合，自觉把党建工作放到业务工作大局中去思考、审视和把握。结合专业特色与优势，不断创新党建工作模式，大力培育党建工作品牌，充分发挥党支部政治引领功能和战斗堡垒作用及党员先锋模范作用。

参考文献

[1]张奎山.新时期高校辅导员工作方法体系构建[D].长春:东北师范大学,2009.

[2]李锦凌.新时代加强高校辅导员队伍建设制度研究[D].长沙:湖南师范大学, 2021.

[3]邓婧.高校辅导员立德树人的新时代职责及其践履研究[D].贵阳:贵州师范大学,2020.

[4]朱梦洁.高校辅导员科学思维及其培育研究[D].芜湖:安徽师范大学,2020.

[5]郭欣瑜.高校辅导员职业倦怠的现状与对策研究[D].南京:南京师范大学,2018.

[6]明敏.基于双因素理论的高校辅导员队伍建设长效机制研究[D].北京:北京邮电大学,2018.

[7]郑悦.积极心理学技术在辅导员谈心谈话中的应用[J].教书育人(高教论坛),2020(9):44-47.

[8]孔鲁.大数据运用于大学生思想政治教育的问题及对策研究[D]. 南京:中国矿业大学,2019.

[9]王真. HLZY 学院辅导员绩效考核体系优化研究[D].济南:山东财经大学,2021.

[10]尹艳兰.高校辅导员职业认同现状与提升研究[D].湘潭:湘潭大学,2018.

[11]刘英.叙事疗法在高校辅导员思想政治教育工作中的应用研究[J].社会心理科学,2012,27(7):50-54.

[12]张玉杰,李萌,槐福乐.焦点解决模式在高校辅导员谈心谈话工作中的应用[J].石家庄学院学报,2021,23(3):126-131.

[13]田宝伟,胡心怡,张平,等.辅导员深度辅导的谈心谈话技术[M].北京:高等教育出版社,2021.

[14]彭青和,冯辉,汪国兴,等.高校辅导员工作方法创新的探索与思考[J].开封教育学院学报,2017,37(3):141-142.

[15]王淑妍.基于互联网时代下高校辅导员工作方法的创新研究[J].财富时代,2020(9):143-144.

[16]秦春贺,蒙晓影,王艳辉.辅导员工作案例分析[M].北京:北京理工大学出版社,2017.

[17]李萌.萌哥说案例[M].天津:天津人民出版社,2022.

[18]劳动和社会保障职业技能鉴定中心与中国心理卫生协会组织编写.心理咨询师(二级)[M].北京:民族出版社,2005.

[19]樊富珉.大学生心理咨询案例集[M].北京:清华大学出版社,1994.

[20]崔源琳.认知疗法视角下的心理咨询案例报告[J].四川文理学院学报,2015,25(5):88-91.

[21]卢建平.大学生心理咨询实用技巧与案例分析[M].北京:中国社会教育出版社,2008.

[22]余秋梅.一例人际关系敏感的心理咨询案例报告[J].社会心理科学,2011,26(9):97-100.

[23]揭康丽.大学生人际关系心理问题案例报告[J].社会心理科学,2015(8):100-104.

[24]邹小英.一则大学生人际关系心理咨询案例报告[J].社会心理科学,2008,23(3):167-169.

[25]Blackburn M. I. ,James I. A. ,Flitcroft A. . Case formulation in depression[A]. In N. Tarrier(eds.). Case formulation in cognitive behavior therapy: the treatment of challenging and complex cases[C]. London, Britain:Routledge,2006:113-141.

[26]吴九君.抑郁情绪来访者的案例概念化个案研究[J].海南广播电视大学学报,2014,15(1):151-153.

[27]蒙洋.用“矛盾”的思维分析问题[J].党史博采(理论),2014(4):32,35.

[28]王管,章雪.基于SWOT理论下贫困大学生就业力提升现实审思与路径选择[J].淮阴师范学院学报(自然科学版),2017,16(3):258-262.

[29]Bandura A.. Self-efficacy: toward a unifying theory of behavior change[J]. Psychological Review,1977(84):191-215.

[30]习近平.把思想政治工作贯穿教育教学全过程,开创我国高等教育事业发展新局面[EB/OL]. http://www.moe.gov.cn/jyb_xwfb/s6052/moe_

838/201612/t20161208_291306.html,2016-12-8.
[31]冯·贝塔朗菲.一般系统论[M].林康义,魏宏森,译.北京:清华大学出版社,1987:51.
[32]王剑峰.论计算机基础教学对大学生创新能力的培养[J].科技创新导报,2010(32):129-130.
[33]张林悦,张烁彬,卢少勇.平衡学生心理压力,促进心理健康教育:大学生心理压力源及压力应对方式调查报告[J].科教文汇(上旬刊),2014(4):185-186.
[34]殷绚.湖南工业大学体育学院贫困学生心理压力的研究[J].体育世界(学术版),2014(8):63-64.
[35]陈雪峰,王桢,高晶,等.大学生社交焦虑与压力和心理健康的关系[J].卫生研究,2007(2):197-199.
[36]霍团英.基层党政干部心理压力调查与调适对策[J].领导科学,2010,(9):38-40.
[37]魏双锋.大学生孤独感与校园压力、应对方式的关系[J].辽宁医学院学报(社会科学版),2012,10(4):53-55.
[38]周灿.微媒体环境下高校心理健康教育工作的新突破[J].科教导刊(中旬刊),2014,(24):224-225.
[39]于治龙.如何在微信时代做大学生思想政治教育工作[J].经济研究导刊,2016,(11):81-82.
[40]丁聪.大学生职业生涯规划的实践研究[D].济南:山东大学,2009.
[41]石迪.新媒体背景下高校突发事件应对及舆论引导策略[J].传播与版权,2014(5):157-159.
[42]杨涛.新媒体环境下高校突发事件网络舆情应对策略初探[J].陕西教育(高教),2014(7):6-7.
[43]冯刚,艾楚君.思想政治教育促进精神生活共同富裕的功能优势与实现路径[J].思想理论教育导刊,2023(8):69-76.
[44]张艳娥.促进人民精神生活共同富裕的劳动向度[J/OL]. https://www.cssn.cn/skgz/bwyc/202304/t20230426_5624971.shtml,2023-4-26.
[45]葛伟丽.积极心理学视域下大学生的积极心理品质培育路径研究[J].新时代教育,2021:189-190.

[46]杨春燕.基于积极心理学的大学生积极心理品质培养路径研究[J].科学大众:科学教育,2019(9):151-152.

[47]葛楠.积极心理学视阈下大学生积极心理品质的培养路径[J].高教论坛,2018(9):24-26.

[48]卓朋涛.基于积极心理学视角下大学生就业心理问题解决策略的研究[J].教育现代化,2020,7(4):178-179,188.

[49]尹祥.积极心理学视角下的大学生就业心理问题疏导研究[J].教育教学论坛,2018(37):35-37.

[50]刘婷.积极心理学视域下大学生就业能力的培养与提升[J].牡丹江教育学院学报,2015(5):51-52.

[51]张孝凤.积极心理学视域下大学生就业力的提升路径[C].全国大学生心理健康教育与咨询学术交流会.2015:51-54.

[52]刘华欣.培育大学生积极就业心理的对策研究[J].年轻人,2019(33):50-50.

[53]易丽.培育大学生积极就业心理的重要性及对策探究[J].哈尔滨职业技术学院学报,2018(1):94-96.

[54]Liu C, Li J. Research on constructing the cultivation mode of college students' innovative and entrepreneurial psychological quality in mental health education[J]. Tobacco Regulatory Science,2021,7(2):4568-4578.

[55]龚婧婧.创业激情对大学生创业意向的影响机制研究:以江西省为例[D].南昌:江西师范大学,2021.

[56]Li H. The influence of psychological health education on higher vocational college students' vocational values[D]. Journal of Shangqiu Vocational & Technical College,2019.

[57]张培.经济"新常态"背景下大学生就业心理素质培养探讨[J].大学:研究与管理,2020(10):68-69.

[58]蔡娜娜,王静,张文熙.心理资本对护理专业毕业生就业质量的影响研究[J].现代职业教育,2021(9):86-87.

[59]孙克芝.新媒体环境下心理健康教育对大学生就业创业的影响[J].湖北开放职业学院学报,2023,36(23):6-7,10.

[60]高振禄.积极心理学视域下大学生创业心理品质培育研究[D].锦州:渤海

大学,2017.
[61]樊迪,杨欢,陈刚,等.大学生心理障碍对职业选择的影响[J].人文之友,2021(19):172－173.
[62]邓永光,陈佳妮,周晨璐,等.基于扎根理论的就业优势结构模型构建及分析[J].校园心理,2021,19(2):155－159.
[63]徐红竹.积极心理学视角下学生创业学习与创业能力培养研究[J].就业与保障,2020(3):100－101.
[64]郁建菊.在中职心理教学中渗透积极心理品质培养的实践研究[J].考试与评价,2019(7):83.
[65]李佳丽.艺术类院校就业指导体系构建分析[J].人才资源开发,2023(6):41－43.
[66]骆郁廷.改革开放以来高校思想政治教育的基本经验[J].思想理论教育导刊,2008(10):24－27.
[67]郑元景.新媒体环境下高校思想政治教育实效性探析[J].思想政治教育研究,2011,(11):107－109.
[68]尹立颖.大学生心理健康问题的辩证探析[J].中国农村卫生事业管理,2016(7):63.
[69]陈鹏.大学生心理健康概论[M].北京:北京大学出版社,2009.
[70]邓金秋.思想政治教育视域下大学生心理健康问题的研究[D].大连:辽宁师范大学,2015.
[71]杨钰.解析当代大学生心理健康问题及对策[J].黑龙江教育学院学报,2015,34(8):88－89.
[72]刘鹏飞.对思想政治教育视角下如何加强大学生心理健康教育的探析[J].沙洋师范高等专科学校学报,2010,11(1):13－15.
[73]吴巧巧.高校思想政治教育和心理健康教育协同创新研究[D].杨凌:西北农林科技大学,2017.
[74]姚本先,程海云,王东华.国外大学生心理健康教育的现状、趋势及启示[J].中国卫生事业管理,2007(12)839－841.
[75]张耀灿,郑永廷,吴潜涛,等.现代思想政治教育学[M].北京:人民出版社,2006.
[76]陈万柏,万美容,李东升.思想政治教育原理新编[M].武汉:华中师范出版

社，2000.
[77]尹忠恺，肖文学. 大学生心理健康教育[M]. 北京：清华大学出版社，2012.
[78]樊富珉. 大学生心理健康教育研究[M]. 北京：清华大学出版社，2002.
[79]何娟. 多元文化视角下的大学生国家认同教育研究[D]. 青岛：青岛大学，2016.
[80]董强. 当代大学生国家认同教育研究[D]. 大庆：东北石油大学，2016.
[81]聂庆艳. 我国出国留学生国家认同教育研究[D]. 杭州：浙江理工大学，2015.
[82]史慧颖. 中国西南民族地区少数民族民族认同心理与行为适应研究[D]. 重庆：西南大学，2007.
[83]钟星星. 现代文化认同问题研究[D]. 北京：中共中央党校，2014.
[84]杜剑华，刘宇，穆禾. 全球化背景下民族文化认同的途径[J]. 湖北函授大学学报，2014，27(15)：167－168.
[85]谢守成，程仕波. 大学生传统文化认同培育途径探析[J]. 思想政治教育研究，2015，31(2)：67－70.
[86]吴欣遥，曾王兴，秦凯. 大学生社会主义核心价值观教育文化认同研究[J]. 思想理论教育导刊，2016，213(9)：99－102.
[87]程为民，熊建生. 当代大学生中华优秀传统文化认同状况分析：基于国内十余所高校 700 名大学生的问卷调查[J]. 教育研究与实验，2016，4：68－71.
[88]张雨桐，刘宗灵. 习近平关于共同富裕重要论述的研究述评[J]. 中共成都市委党校学报，2022(3)：14－22.
[89]廖小琴. 思想政治教育促进精神生活共同富裕的逻辑思路[J]. 思想理论教育，2022(6)：25－31.
[90]周玉乔，彭新武. 在高校思想政治教育中讲好共同富裕的意义、内容与方法[J]. 中国高等教育，2022(10)：37－39.
[91]齐小军. 在高校开展“共同富裕”教育的路径探索[J]. 中国高等教育，2021(22)：56－58.
[92]钱大可. 将共同富裕发展理念融入高校思政教育的改革构想[J]. 嘉兴学院学报，2022，34(4)：126－131.